Donatori   Mr. Davies   468. Ref
⊕ wk 10/04

Español Mundial 1
NEW EDITION

CIRENCESTER COLLEGE LIBRARY
REFERENCE ONLY

cirencester college
a buxton college

D0306770

CIRENCESTER COLLEGE LIBRARY
REFERENCE ONLY

CIRENCESTER COLLEGE LIBRARY
REFERENCE ONLY

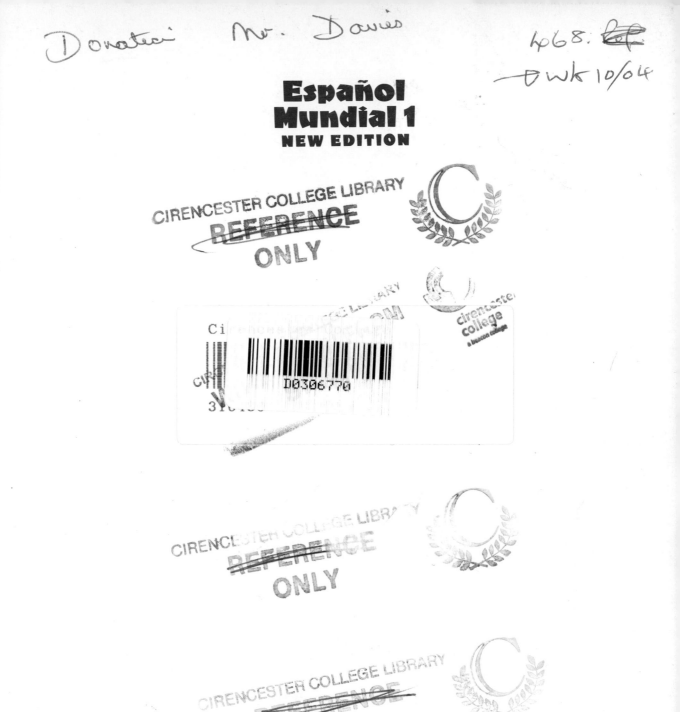

Hodder & Stoughton
LONDON SYDNEY AUCKLAND TORONTO

Español Mundial 1

NEW EDITION
Sol Garson and Barbara Hill

Hodder & Stoughton
LONDON SYDNEY AUCKLAND TORONTO

ACKNOWLEDGMENTS

The authors would like to thank Anna Valentine, co-author of Book 2, for her constant support and advice on all matters concerning *Español Mundial*. This new edition would not have been possible without the commitment and hard work put in by Isabel Pineda from the *Escuela Oficial de Idiomas* (Madrid), who has been the language consultant to the series and has gone beyond the bounds of her responsibilities in assisting us.

The authors would also like to thank:

Natalia Alvarez, Carlos Del Puerto, Yolanda Del Puerto, Eesa Hussein, David Garson, Gabriella Perotti, Javier Pineda and Dorian Taylor

for agreeing to pose as our main characters. Most of the photographs were provided by the authors but they would particularly like to thank Spanish A level classes of 1990-91 at North Westminster School. A big 'gracias' to Rosa and Silvia from 'Bar Los Pepes' in Madrid and to Don José María Ruiz Benito for allowing us to take photos of the very special 'Mesón José María' in Segovia.

The authors and publishers would also like to thank the following for permission to reproduce photographs: Egyptian State Tourist Office, p.16; Iberia Airlines, p.103; Picturepoint, pp.16, 19, 134; Spanish Tourist Office, pp.10, 16, 17; United States Travel and Tourism Administration, p.16

The authors and publishers are also grateful to the following for material reproduced in the book: Iberia Airlines, p.53; McDonald's, p.125.

Every effort has been made to trace copyright material reproduced in this book. Any rights not acknowledged here will be acknowledged in subsequent printings if notice is given to the publisher.

British Library Cataloguing in Publication Data
Garson, Sol
  Espanol mundial. –2nd. ed.
  Students bk
  1. Spanish languages
  I. Title   II. Hill, Barbara *1957–*
  468

  ISBN 0 340 53454 0

First published 1987
Second edition 1991

© 1991 Sol Garson and Barbara Hill

All rights reserved. No part of this publication may be reproduced or transmitted in any form or by any means, electronic or mechanical, including photocopy, recording, or any information storage and retrieval system, without permission in writing from the publisher or under licence from the Copyright Licensing Agency Limited. Further details of such licences (for reprographic reproduction) may be obtained from the Copyright Licensing Agency Limited, of 33–34 Alfred Place, London WC1E 7DP.

Typeset by Litho Link Ltd, Welshpool, Powys, Wales.
Printed in Hong Kong for the educational publishing division of Hodder and Stoughton Ltd, Mill Road, Dunton Green, Sevenoaks, Kent by Colorcraft Ltd.

CONTENTS

1

Capítulo Uno

A ¿Cómo te llamas? *What is your name?*

¿Cómo te llamas?
Me llamo Carlos.

¿Cómo te llamas?
Me llamo Isabel.

Buenos días. ¿Cómo te llamas?
Me llamo Ahmed.

¿Cómo te llamas?
Me llamo David.

¡Hola! ¿Cómo te llamas?
Me llamo Teresa.

¿Cómo te llamas?
Me llamo María.

¿Te llamas Steve?
Sí, me llamo Steve.

¿Te llamas David?
No, me llamo Steve.

¿Te llamas David?
No, no me llamo David.

¿Cómo se llama?
Se llama Steve.

¿Cómo se llama?
Se llama David.

¿Cómo se llama?
Se llama María

B ¿Cómo estás? *How are you?*

Papá, ¿cómo estás?   *Mal, muy mal.*

Carlos, ¿cómo estás?	*Muy bien, gracias.*
Isabel, ¿cómo estás?	*Bien, gracias.*
¿Cómo estás, Ahmed?	*Muy bien, gracias.*
¡Hola! ¿Cómo estás, David?	*Muy bien.*
Teresa, ¿estás bien?	*Sí, muy bien, gracias.*
Y tú, María, ¿estás bien?	*Sí, sí, muy bien.*

Mamá, ¿cómo estás?   Regular, regular.

Don Idiota

¡Hola! ¿Estás bien?

C Números *Numbers*

Carlos, ¡cuenta del uno al tres!
  uno, dos, tres.
Isabel, ¡cuenta del uno al seis!
  uno, dos, tres, cuatro, cinco, seis.
Ahmed, ¡cuenta del uno al diez!
  uno, dos, tres, cuatro, cinco, seis, siete, ocho,
  nueve, diez.
David, ¡cuenta del uno al quince!
  uno, dos, tres, cuatro, cinco, seis, siete, ocho,
  nueve, diez, once, doce, trece, catorce, quince.
Teresa, ¡cuenta del diez al quince!
  diez, once, doce, trece, catorce, quince.
María, ¡cuenta del quince al veinte!
  quince, dieciséis, diecisiete, dieciocho,
  diecinueve, veinte.

 **D** ¿Cuántos años tienes? *How old are you?*

¿Cuántos años tienes, Carlos?
Tengo doce años.

Isabel, ¿cuántos años tienes?
Tengo dieciséis años.

¿Cuántos años tienes, Ahmed?
Tengo quince años.

David, ¿cuántos años tienes?
Tengo diecinueve años.

¿Cuántos años tienes, Teresa?
Tengo trece años.

María, ¿cuántos años tienes?
Tengo veinte años.

Steve, ¿cuántos años tienes?
Tengo dieciséis años

Ahmed, ¿tienes catorce años? *No, no tengo catorce años, tengo quince.*
Ahmed, ¿tienes catorce años? *No, tengo quince años.*
Ahmed, ¿tienes catorce años? *No, tengo quince.*

¿Tienes diecinueve años, Teresa? *No, no tengo diecinueve años, tengo trece.*
¿Tienes diecinueve años, Teresa? *No, tengo trece años.*
¿Tienes diecinueve años, Teresa? *No, tengo trece.*

¿Tiene Ahmed dieciséis años?   *No, tiene quince.*
¿Tiene David nueve años?   *No, tiene diecinueve.*
¿Tiene Teresa ocho años?   *No, tiene trece.*

LIBRO DE EJERCICIOS   A, B, C

☺ Carlos

¡Hola! Me llamo Carlos Salinas. Tengo doce años y vivo en Zaragoza con mi familia: mi padre, mi madre y mi hermana Isabel.

Tengo **un** tío en Sevilla,

dos tías en Granada,

una abuela en Córdoba,

un abuelo y una abuela en Perú,

y dos amigos en Málaga, en la costa, en el sol.

E ¿Verdadero o falso? *True or false?*

1 Carlos tiene doce años.
2 Tiene dos hermanas.
3 Tiene una abuela en Zaragoza.
4 No tiene amigos en Málaga.
5 No tiene tías en Sevilla.

F Escribe **un** o **una**

Ejemplo   tío – un tío
             tía – una tía

1 amigo
2 amiga
3 abuela
4 abuelo
5 padre
6 hermano
7 hermana
8 madre

Aprende 1

A or **An**   *The Indefinite Article*

Masculino   **un** tío   **un** hermano

Femenino   **una** tía   **una** hermana

Aprende 2

mi tío – mis tíos   mi tía – mis tías
mi abuelo – mis abuelos   mi abuela – mis abuelas

Pero
mi padre y mi madre = mis padres
mi hermano y mi hermana = mis hermanos
mi abuelo y mi abuela = mis abuelos

G Escribe **mi** o **mis**

Ejemplo tío – mi tío
tías – mis tías

1	abuela	5	madre
2	amigos	6	padres
3	hermanas	7	padre
4	hermano	8	amiga

I Escribe

Ejemplo 5 (hermano) = cinco
hermanos

1 4 (tío)
2 6 (tía)
3 11 (amigo)
4 3 (costa)
5 17 (año)
6 5 (amiga)
7 2 (abuela)
8 20 (amigo)

H Preguntas a Carlos

What would Carlos reply?

Ejemplo Carlos, ¿tienes hermanas?
Sí, tengo una hermana.

Cosas de Isabel

Tengo un hermano.
Se llama Carlos.
Tiene doce años.
¡Dios mío, qué hermano!

1 ¿Tienes tíos en Sevilla?
2 ¿Tienes tías?
3 ¿Tienes nueve años?

4 ¿Tienes abuelos?
5 ¿Tienes amigos en Málaga?

> LIBRO DE EJERCICIOS   D & E

Aprende 3

Where do you live?

a ¿Dónde vives? – Vivo en
Nueva York.
¿Dóndes vives? – Vivo
en España.

b ¿Vives en Madrid? – Sí,
vivo en Madrid.

c ¿Vives en Hamburgo? –
No, vivo en Berlín.
¿Vives en Hamburgo? –
No, no vivo en
Hamburgo, vivo en
Berlín.

Calle Orense, Madrid

ORAL

a   ¿Cómo se llama?
   ¿Cuántos años tiene?
   ¿Vive en Méjico?

b   ¿Cómo se llama?
   ¿Vive en Méjico?

c   ¿Se llama María?
   ¿Cuántos años tiene?
   ¿Vive en Argentina?

d   ¿Se llama Alberto?
   ¿Vive en la calle San Miguel?
   ¿Tiene cinco años?

Con tu compañero/a

*Put these questions to your partner who should
answer as if he/she were Antonio, Martin, etc.*

a   ¿Cómo te llamas?
   ¿Cuántos años tienes?
   ¿Vives en Méjico?

b   ¿Dónde vives?
   ¿Te llamas Martín?
   ¿Tienes ocho años?

c   ¿Vives en Buenos Aires?
   ¿Tienes quince años?
   ¿Te llamas Milagros?

d   ¿Vives en la calle San José?
   ¿Tienes cinco años?
   ¿Te llamas Adolfo?

J   ¿Cuáles son las contestaciones correctas de Carlos?

*Listen to the questions and choose the answer
Carlos would give.*

Ejemplo   ¿Cómo te llamas?
a   **Me llamo Carlos.**   b   Me llamo María.

Escucha y escoge:
1   a Me llamo Carlos.   b Me llamo Teresa.
2   a Muy bien, gracias.   b Sí, muy mal.
3   a No, muy bien, gracias. b Sí, muy bien.
4   a Sí, tengo once años.   b Sí.
5   a Sí, tengo 16 años.   b Sí, tiene 16 años.
6   a No, vivo en Zaragoza.   b Sí, vivo en Nueva
                                York.
7   a Sí, vivo con mis padres. b Sí.
8   a Uno, dos, tres, cuatro, b Dos, tres, cuatro,
     cinco seis.   cinco, seis.

Cosas de Isabel

Vivo en Zaragoza, con
mis padres, y mi hermano
Carlos! No tengo hermanas
¡qué pena!

K Oral/Escrito

Contesta.

1 ¿Cómo te llamas?
2 ¿Cómo estás?
3 ¿Cuántos años tienes?
4 ¿Dónde vives?
5 ¿Te llamas Miguel?
6 ¿Estás bien?
7 ¿Tienes ocho años?
8 ¿Vives en Nueva York?

POST CARD

Querido Antonio:
¿Cómo estás?
Tengo once años y vivo
en Londres, en Inglaterra.
Tengo una hermana, Sally,
que tiene ocho años.
Adiós.
Escribe pronto.
Ian.

Antonio Pérez Ruiz
c/San Andrés, 24
MÁLAGA 29021
SPAIN

Aprende 4

ESTAR *to be*

😊 estoy 😊😊 estamos
→🗨 estás →🗨🗨 estáis
👫 está 👫👫 están

Ejemplos

María y David **están** en Nueva York.

María **está** en Nueva York.

La Alhambra **esta** en Granada.

La Alhambra en invierno

La Mezquita **está** en Córdoba.

El Patio de los Naranjos de la Mezquita

La Alhambra y la Mezquita **están** en España.

Machu Picchu **está** en Perú.

L Contesta las preguntas utilizando **está** o **están**

*Answer the questions using **está** or **están**.*

1 ¿Dónde está la Giralda?
2 ¿Dónde están la Alhambra y la Mezquita?
3 ¿Dónde está Carlos?
4 ¿Está Machu Picchu en España?

5 La Giralda y la Alhambra, ¿están en Perú?
6 ¿Está Carlos en Zaragoza?
7 ¿Dónde está Málaga?
8 ¿Dónde están los Salinas?

> **El marido está en la cocina y la mujer y las hijas están en la oficina**

M Completa con **estar**

*Complete using the correct parts of **estar**.*

Ejemplo 😊😊 _____ en Málaga.   **Estamos** en Málaga.

1 😊 _____ en Zaragoza.

2 → 😮 _____ en Málaga.

3 → 😮 _____ en Nueva York.

4 La catedral _____ en Segovia.

7 Isabel y Carlos _____ en Zaragoza.

8 Londres _____ en Inglaterra.

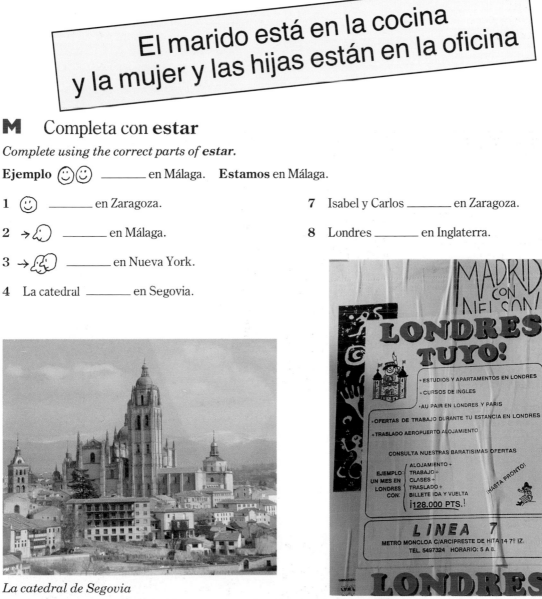

La catedral de Segovia

5 Carlos _____ en España.

6 La Giralda _____ en Sevilla.

LIBRO DE EJERCICIOS   F, G

ROMPECABEZAS

1 Me llamo David. Tengo un hermano y dos hermanas y vivo con mi madre. Mi madre tiene un hermano, Harry, y una hermana, Rebecca. La madre de mi tío Harry se llama Clara.

a ¿Cómo se llama mi abuela?
b ¿Cómo se llama mi tía?

Mi hermano Daniel tiene nueve años. Yo tengo diecinueve y mis hermanas Miriam y Nicole, dieciséis.

¿Verdadero o falso?

c Nicole tiene dos hermanos.
d David tiene diecinueve años.
e Daniel tiene tres hermanas.
f David no tiene abuela.

2 Escribe en el orden correcto. *Write the words in each sentence in the correct order.*

a ¿te cómo llamas?
b en vivo Zaragoza.
c hermanos tres tengo.
d no años tengo once.
e en costa están la mis amigos.
f mi tiene hermanos padre no.
g ¿tienes años cuántos?
h abuelo y tengo en un una Perú abuela.

3 Completa. *Fill in the missing letters.*

Z __ r __ g __ z __.   N __ ev __   Y __ rk.
Es __ a __ a.   P __ __ ú.   Gr __ n __ __ a.
Có __ __ __ ba.   Se __ __ l __ __.   __ ál __ __ a.
H __ mb __ __ g __.   E __   C __ __ ro.

Catedral

En América del Norte

España

En Alemania

Capital de Egipto

4 Corrige los totales. *Correct the totals.*

a Ocho y ocho son diecisiete.
b Seis y tres son ocho.
c Cinco y once y tres son trece.
d Seis y siete son diecinueve.
e Nueve y cinco y tres son dieciséis.

2

Capítulo Dos

A Contesta

1 ¿Te gusta el profesor?
2 ¿Te gusta el chocolate?
3 ¿Te gusta el vino?
4 ¿Te gusta el café?
5 ¿No te gusta el té?
6 ¿Te gusta el tenis?

Aprende 5

DO YOU LIKE . . .?

–¿Te gusta? –Sí, me gusta.
 –No, no me gusta.

–Carlos, ¿te gusta Nueva York? –Sí, me gusta Nueva York.
–Isabel, ¿te gusta Nueva York? –No, no me gusta.
–Ahmed, ¿te gusta Colombia? –Sí, me gusta Colombia.
–David, ¿te gusta España? –Bueno, me gusta Madrid, pero no me gusta Barcelona.

–Steve, ¿te gusta Isabel? –Sí, me gusta mucho.
–Isabel, ¿te gusta Carlos? –No, no me gusta Carlos.
–María, ¿no te gusta el vino? –No, no me gusta.
–Teresa, ¿no te gusta el café? –Sí, me gusta mucho.

😐 Isabel

La Sagrada Familia, Barcelona

¡Hola! Me llamo Isabel. Tengo quince años y también vivo en Zaragoza con mis padres y con mi hermano, el horrible Carlos. Tengo tías en Granada, pero no me gusta Granada. Tengo un tío en Sevilla, pero no me gusta Sevilla. No me gusta Córdoba, no me gusta la costa, no me gusta el sur de España. Me gusta Barcelona, también Salamanca y me gusta Madrid mucho porque mi amigo Eduardo está allí.

Estatua de la Cibeles, Madrid

La Casa de Las Conchas, Salamanca

Odio el sur de España, me gusta el norte y adoro el centro, la capital, Madrid . . .Eduardo.
Quiero mis vacaciones en Madrid y no en el sur.

B   Oral/Escrito

Me gusta . . . o   **No me gusta** . . .

¿ Qué dice Isabel?

Ejemplo Sevilla – No me gusta Sevilla

1 Granada.	7 Salamanca.
2 Sevilla.	8 Madrid.
3 Córdoba.	9 el norte.
4 la costa.	10 el centro.
5 el sur de España.	11 Carlos.
6 Barcelona.	12 Eduardo.

Aprende 6

THE DEFINITE ARTICLE

Nouns in the plural

el – **los**   **la** – **las**

singular	*plural*
el hermano	**los** hermanos (+**s**)
la hermana	**las** hermanas (+**s**)
la madre	**las** madres (+**s**)

Pero

la capital	**las** capital**es** (+**es**)
el profes**or**	**los** profesor**es** (+**es**)
pare**d**–	pared**es** (+ **es**)
relo**j**–	reloj**es** (+ **es**)
tren**–**	tren**es** (+ **es**)
rey**–**	rey**es** (+ **es**)

C   Escribe en plural

1	la costa.	7	el tren.
2	la abuela.	8	el hospital.
3	el presidente.	9	la oficina.
4	el hotel.	10	el teatro.
5	el tomate.	11	el elefante.
6	el aeropuerto.	12	el museo.

Aprende 7

Me gust**a el** hotel.

Me gust**an los** hotel**es**.

Me gust**a la** Alhambra.

Me gust**an las** capital**es**.

¿Te gust**a el** café? – Sí, me gust**a**.

¿Te gust**an los** tomates? – No, no me gust**an los** tomat**es**.

D   Contesta

1   ¿Te gustan los tomates?

2   ¿Te gustan los elefantes?

3   ¿Te gusta el teatro?

4   ¿Te gustan los deportes?

5 ¿Te gustan los museos?

Museo del Prado, Madrid

6 ¿Te gustan los hospitales?

7 ¿Te gusta el chocolate?

8 ¿Te gusta el café?

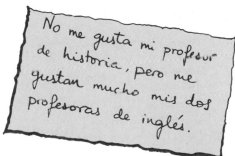

Cosas de Isabel

No me gusta mi profesor de historia, pero me gustan mucho mis dos profesoras de inglés.

Don Idiota

¿Te gustan los leones?

LIBRO DE EJERCICIOS ⟩ A, B, C, D, E, F

ORAL

Con tu compañero/a

Pregúntale y que él/ella te pregunte a tí.

a ¿Te gusta el té?   ¿El té está en la
                                   mesa?

¿Te gusta el café?   ¿Dónde está el café?

¿Te gusta el chocolate?   ¿Dónde está el
                                   chocolate?

¿Te gusta el vino?   ¿Y la botella de vino?

b ¿Te gustan los tomates? ¿Los tomates están
                                   en la mesa?

c ¿Te gusta el tenis?   ¿Vives en Méjico?
¿Vives en España?   ¿Te gusta el golf?
¿Te gusta el fútbol?   ¿Te gustan los
                                   deportes?

ROMPECABEZAS

1 Lee.

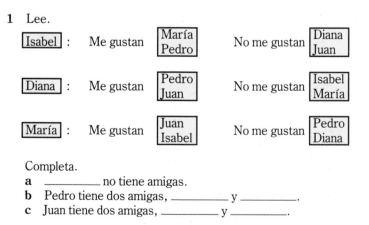

Isabel	:	Me gustan	María Pedro	No me gustan	Diana Juan
Diana	:	Me gustan	Pedro Juan	No me gustan	Isabel María
María	:	Me gustan	Juan Isabel	No me gustan	Pedro Diana

Completa.

a _____ no tiene amigas.
b Pedro tiene dos amigas, _____ y _____.
c Juan tiene dos amigas, _____ y _____.

2 Juan **no** vive en (el sur, el
centro, el norte de España)
   a ¿Vive en Málaga? (**sí** o **no**)
   b ¿Vive en Madrid?
   c ¿Vive en Bilbao?
   d ¿Vive en Valencia?

3 En 1995, Juan (4 letras = JUAN) tiene cuatro
años. También tiene tres hermanas, María,
Maribel y Mónica.

Completa.
a _____ tiene cinco años.
b Mónica tiene _____ años.
c ¿Cuántos años tiene Maribel?

4 Lee. *Read and find:*

a "I like Málaga a lot"

O	H	C
A	M	U
G	A	L
M	M	A
E	A	T
G	U	S

b "I have two uncles"

G	N	E
O	S	T
D	O	I

c "?"

V	I	V	S
O	D	R	E
C	A	P	S
O	N	M	I

18 de Abril

PARADOR NACIONAL EL ADELANTADO • CAZORLA (Jaén)
Serie AK
N.º 4

Querido Ian:
Gracias por tu postal.
Tengo once años y vivo
con mis padres y mi her-
mano, Felipe.

Me gustan los deportes pero
no me gusta el colegio.

Un abrazo a tu familia
y para ti,
Antonio

Ian Burton
16 Grantham Street
London NW5 6BF
Inglaterra

SUBSECRETARIA DE TURISMO • ESPAÑA

5 ¿Verdadero o falso?

a Antonio vive en el sur de España.
b Antonio vive con tres personas.
c Ian vive en España.
d La postal está en inglés.
e Ian tiene un hermano que se llama Felipe.

3

Capítulo Tres

Las Vacaciones de la Familia

		MÁX.	MÍN.
Madrid	C	37	19
Mahón	D	31	18
Málaga	D	29	18
Melilla	D	31	21
A, agradable / C, mucho calor / c, calor / D, despejado			

Carlos:	Mamá, ¿vamos a la Costa del Sol en agosto?
La Sra. de Salinas:	No, a la Costa del Sol, no. Hace mucho calor allí.
Carlos:	Sí, mamá, por favor, Málaga me gusta mucho.
Isabel:	No, mamá, vamos a Madrid, allí no hace calor.
La Sra. de Salinas:	Sí, hace calor, hace mucho calor . . . y . . . ¿por qué Madrid?
Carlos:	Porque Eduardo está en Madrid.

Madrileños en Madrid

Eduardo en un parque de Madrid

La Sra. de Salinas: ¿Quién? ¿Eduardo? No, a Madrid, no. Eduardo está loco.

Carlos: Isabel también está loca.

(entra el Sr. Salinas)

El Sr. Salinas: ¿Qué pasa aquí? Vamos a Madrid. Allí hay muchos cafés, teatros, museos y parques.

Madrid

Carlos: Y también hay un chico muy especial, el amigo de Isabel.

El Sr. Salinas: ¿Quién? ¿Quién?

La Sra. de Salinas: Eduardo, el amigo loco, el amigo guapo.
No, a Madrid, no.
¡Nunca!
¡Ni hablar!

Cosas de Isabel

No me importa el calor de Madrid.
Me importa Eduardo, y no está loco.
¡Qué problemas con mi hermano y mi madre!

A ¿Quién dice o quién piensa?

Who might say or who might think . . .?
Choose from the members of the Salinas family.

Ejemplo «Quiero mis vacaciones en Madrid»
Respuesta Isabel

1 «Quiero mis vacaciones en la Costa del Sol»
2 «Hace mucho calor en la Costa del Sol»
3 «No hace calor en Madrid»
4 «Hace mucho calor en Madrid»
5 «Eduardo está loco»
6 «Isabel también está loca»
7 «Me gusta Madrid porque hay muchos parques»
8 «Adoro la capital»
9 «Me gusta Eduardo»
10 «¡A Madrid no vamos nunca!»

Aprende 8

Carlos está contento.

Isabel está contenta.

Carlos está enfermo.

Isabel está enferma.

El cajón está abierto.

La puerta está abierta.

Carlos está aburrido.

Isabel está aburrida.

Carlos está enfadado.

Isabel está enfadada.

El supermercado está abierto.

La carnicería está abierta.

El café está cerrado.

La tienda está cerrada.

B Elige *Choose*

Ejemplo Mi hermano está (contento, contenta).
– Mi hermano está contento.

1 Mi tía está (enfermo, enferma).
2 La ventana está (cerrado, cerrada).
3 Mi abuelo está (enfadado, enfadada).
4 Ahmed está (aburrido, aburrida).
5 El supermercado está (abierto, abierta).
6 La carnicería está (cerrado, cerrada).
7 Mi (padre, madre) está aburrida.
8 Mi (abuela, tío) está contento.

C Describe

Ejemplo El cajón está cerrado.

Aprende 9

¿Cuántos chicos hay?

hay un**o**   hay dos   hay much**os**

¿Cuántas chicas hay?

hay un**a**   hay dos   hay much**as**

D ¿Cuántos? ¿Cuántas? *How many?*

Une los dibujos con las descripciones.

a hay una chica	**d** hay un parque	**g** hay muchos chicos
b hay seis chicas	**e** hay un chico	**h** hay muchas chicas
c hay seis chicos	**f** hay dos bares	**i** hay cinco chicas y cuatro chicos

LIBRO DE EJERCICIOS ⟩ A, B, C

Aprende 10

The Weather

¿QUÉ TIEMPO HACE?

hace buen tiempo		hace viento	
hace mal tiempo		está lloviendo	
hace calor		está nevando	
hace frío		está nublado	
hace sol		hay niebla	
hace mucho calor		hay tormenta	

Quito, capital de Ecuador

Volcán, Chile

E ¿Qué tiempo hace en América Latina?

1 ¿Qué tiempo hace en Buenos Aires?
2 ¿Qué tiempo hace en La Paz?
3 ¿Qué tiempo hace en Santiago de Chile?
4 ¿Qué tiempo hace en Asunción?
5 ¿Qué tiempo hace en Lima?
6 ¿Qué tiempo hace en Quito?
7 ¿Qué tiempo hace en Bogotá?
8 ¿Qué tiempo hace en Caracas?
9 ¿Qué tiempo hace en Montevideo?
10 ¿Qué tiempo hace en Ciudad de Panamá?
11 ¿Qué tiempo hace en Managua?
12 ¿Qué tiempo hace en Ciudad de México?

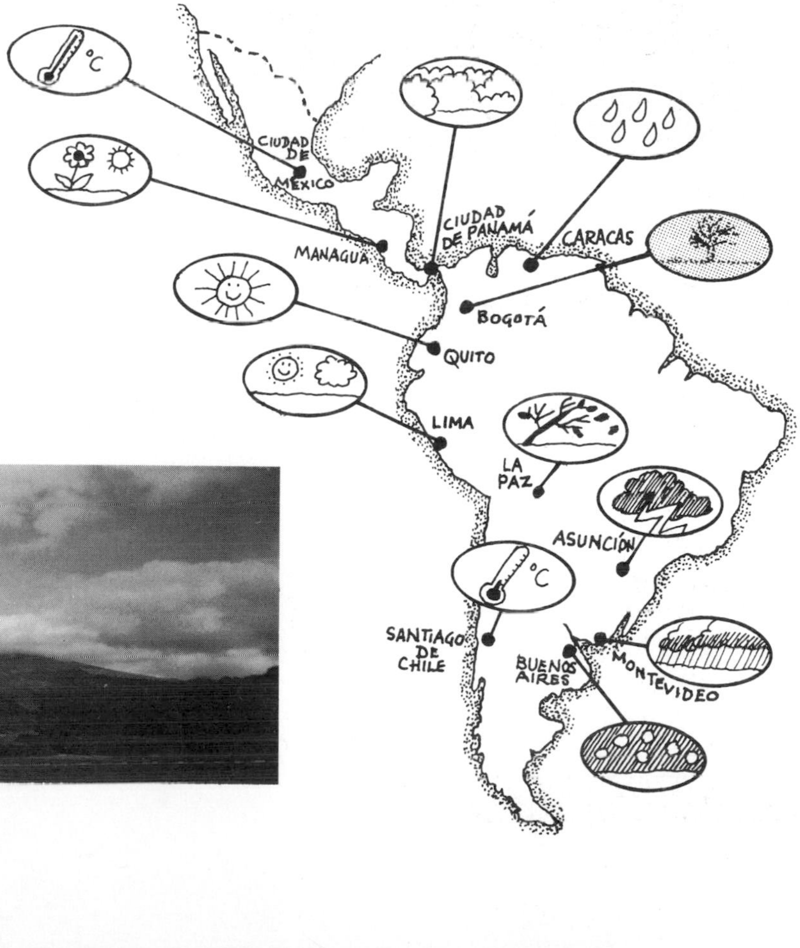

Aprende 11

LAS ESTACIONES DEL AÑO   *The Seasons*

la primavera

el verano

el otoño

el invierno

NÚMEROS   *Numbers*

20	veinte	26	veintiséis
21	veintiuno	27	veintisiete
22	veintidós	28	veintiocho
23	veintitrés	29	veintinueve
24	veinticuatro	30	treinta
25	veinticinco	31	treinta y uno

Carlos, ¿cuándo es tu cumpleaños? – El once de agosto.

LOS MESES DEL AÑO   *Months*

enero	julio
febrero	agosto
marzo	septiembre
abril	octubre
mayo	noviembre
junio	diciembre

F ¿Qué tiempo hace?

Ejemplo ¿Qué tiempo hace el 3 de enero? – El 3 de enero está nevando.

1 El 8 de febrero
2 El 4 de marzo
3 El 11 de abril
4 El 7 de mayo
5 El 20 de junio
6 El 9 de julio
7 El 15 de agosto
8 El 2 de septiembre
9 El 21 de octubre
10 El 30 de noviembre
11 El 25 de diciembre

G Escucha y escribe

Ejemplo En enero en Moscú ¿hace frío o calor? – **Hace frío.**

1 ¿Hace frío o hace buen tiempo?
2 ¿Hace mucho calor o está nevando?
3 ¿Hace calor o hace frío?

4 ¿Hace mal tiempo o hace buen tiempo?
5 ¿Hace calor o hace mucho frío?

Sol y sombra en la Plaza de Toros de Ronda

Está nevando en Granada

ORAL

Pregúntale a tu compañero/a

¿Cuántas personas hay?
¿Cuántos adultos hay?
¿Qué tiempo hace?
¿Están en un café?
¿El café está cerrado?
¿Están en la playa?
¿Qué día es?

LIBRO DE EJERCICIOS   D, E, F

ROMPECABEZAS

1 En Barcelona hace mal tiempo. En Madrid hace sol. En Málaga hace mucho calor. Esteban está en casa porque está lloviendo. Su hermana, María, está de vacaciones.
  a ¿Dónde está Esteban?
  b María está en la playa. ¿Dónde?

2 Un mes tiene la letra **f** –
  Dos meses tienen la letra **c** –
  Tres meses no tienen la letra **o** –
  Cuatro meses tienen la letra **a** –
  Cinco meses tienen la letra **m** –
  Seis meses tienen la letra **i** –
  Siete meses no tienen cinco letras –
  Ocho meses tienen la letra **r** –

3 ¿Cuál no pertenece?
a mayo, junio, contento, marzo
b ¿Por qué? ¿Quién? ¿Cuántos? ¿Verdad?
c cajón, parque, bar, mercado
d primavera, otoño, verano, vacaciones
e cumpleaños, meses, año, día

4 ¿Cuántos son?
a ¿Trece y trece menos veintiuno?
b ¿Once y seis menos doce?
c ¿Tres y dos y ocho menos tres menos cinco?
d ¿Siete y catorce y seis menos once?
e ¿Veintinueve menos catorce menos once?

5 *Read Ian's letter and Antonio's reply. Replace the words in Antonio's letter from the list below to ensure that the letter makes sense.*

San Sebastián, 2 de agosto

Querido Antonio:
¿Qué tal? Estoy en San Sebastián. El hotel está en la costa. Hay una playa fantástica aquí. Me gusta el norte de España pero no hace mucho calor. ¿Qué tiempo hace en el sur?
Un mes de vacaciones aquí y ..... a Londres ¡donde está lloviendo!
Escribe pronto.
Un abrazo de tu amigo,
Ian.

Querida Ian:
Málaga, 6 de julio
Gracias por tu postal de Madrid. Aquí en el norte de Perú, hace mal tiempo, hace frío. ¿Te gusta tu pensión? Aquí también hay una discoteca fantástica.
Escribe pronto. Un abrazo de tu hermana.
Antonio.

España   agosto   playa   sur   amigo   buen
hotel   calor   San Sebastián   querido   carta

4

Capítulo Cuatro

Aprende 12a   NÚMEROS

20	veinte	30	treinta	50	cincuenta
21	veintiuno	31	treinta y uno	51	cincuenta y uno
22	veintidós	32	treinta y dos	57	cincuenta y siete
23	veintitrés	33	treinta y tres	58	cincuenta y ocho
24	veinticuatro	40	cuarenta	60	sesenta
25	veinticinco	42	cuarenta y dos	61	sesenta y uno
26	veintiséis	45	cuarenta y cinco	70	setenta
27	veintisiete	46	cuarenta y seis	80	ochenta
28	veintiocho	48	cuarenta y ocho	90	noventa
29	veintinueve	49	cuarenta y nueve	100	**cien**

102   ciento dos　　　　**128   ciento veintiocho**　　　　**149   ciento cuarenta y nueve**

A   Oral/Escrito

Ejemplo   124–ciento veinticuatro

1 13   **2** 38   **3** 43   **4** 54   **5** 67   **6** 71   **7** 85   **8** 92   **9** 110   **10** 188   **11** 199   **12** 166   **13** ciento dieciocho   **14** quince   **15** catorce   **16** cuarenta **17** treinta y nueve   **18** doce   **19** ciento noventa y tres   **20** treinta y cinco y medio   **21** trescientos **22** sesenta y siete   **23** setenta y seis

☺ Ahora escucha los números y escribe las veinte cifras en tu cuaderno. *Now listen to the next 20 numbers and write them in your exercise book.*

Setenta y cinco años de camarero en el mismo restaurante

Aprende 12b

LOS DÍAS DE LA SEMANA

lunes, martes, miércoles, jueves, viernes, sábado, domingo.

El 12 de octubre es muy importante para los hispanos. Es el día de la Hispanidad. En España, Latinoamérica y los Estados Unidos, donde viven diez millones de hispanos, los hispanos celebran, con desfiles, música y bailes, el descubrimiento de América por Cristóbal Colón en 1492.

B   Oral/Escrito

Contesta.

Ejemplo ¿Qué día es el ocho de octubre? – El ocho de octubre es viernes.

1   ¿Qué día es el quince de octubre?
2   ¿Qué día es el treinta y uno de octubre?
3   ¿Qué día es el trece de octubre?
4   ¿Qué día es el tres de octubre?
5   ¿Qué día es el once de octubre?

Aprende 12c

¿Qué día es hoy? – Hoy es viernes.
¿Qué fecha es hoy? – Hoy es el uno de octubre.
¿Qué fecha es hoy? – Hoy es el primero de octubre.

LIBRO DE EJERCICIOS   A & B

😐 Problemas en la Costa del Sol

Domingo, 3 de agosto.

Carlos, Isabel y sus padres están en el Hotel Internacional en Marbella, en la Costa del Sol. Están en dos habitaciones

con cuarto de baño y balcón.

Son las diez de la noche.

Isabel no está en la piscina

ni en el restaurante, ni en el jardín, ni en la discoteca . . . ni en el hotel, ni en Marbella. ¿Dónde está Isabel? De pronto . . . el teléfono . . . Isabel. Está en Madrid, con Eduardo, sin permiso de sus padres. Y Carlos, ¿dónde está?

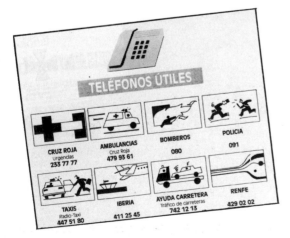

Carlos está en la comisaría de Málaga con sus dos amigos y las treinta y ocho llaves de las habitaciones del Hotel Internacional. Y los padres, ¿cómo están? – no muy contentos con la broma de Carlos.

HOSTAL ⚏
76 CADOSA
Carretera Zaragoza, km. 146
Tels. (975) 21 31 43 - 21 15 02 - SORIA
habitaciones
con baño, calefacción y teléfono

La Sra. de Salinas está enferma. Está sentada al lado de la piscina y el Sr. Salinas está con los setenta y dos clientes del hotel en la recepción.

Aprende 13

la discoteca – la llave **de la** discoteca

la carnicería – la llave **de la** carnicería

Pero

el hotel – la llave **del** hotel

el restaurante – la llave **del** restaurante

las habitaciones – las llaves **de las** habitaciones

los hoteles – las llaves **de los** hoteles.

Carlos   – la llave de Carlos

Sevilla   – la catedral **de** Sevilla

Córdoba   – la Mezquita **de** Córdoba

LOS RESTAURANTES DE LA SEMANA

CITROËN XM. SEÑOR DE LA CARRETERA.

Coche del Año 1990 en Europa.

El Campeonato del Mundo

C Escribe **verdadero** o **falso**

1 Carlos y sus padres están en el Hotel Granada.
2 Isabel está en la piscina con Eduardo.
3 En el Hotel Internacional no hay balcones.
4 Eduardo no está en Marbella.
5 Isabel está en Madrid con permiso de sus padres.
6 Carlos no está en el hotel.
7 Los dos amigos de Carlos están en Málaga.
8 La madre de Carlos está contenta.
9 El padre de Carlos no está enfadado.
10 Las llaves están en la comisaría.
11 La madre de Carlos está en la piscina con los clientes.
12 El Sr. Salinas está sentado en el jardín.

Llaves. El Rastro, Madrid

LIBRO DE EJERCICIOS C

Aprende 14a

¿QUÉ HORA ES?

Son las dos

Son las dos de la tarde

Son las diez de la noche

Son las diez de la mañana

Son las cuatro de la madrugada

Son las tres y media

Son las ocho y cuarto

Son las cinco menos cuarto

Es la una

Es la una y media

Son las doce

Son las doce y media

D ¿Qué hora es?

1

2

3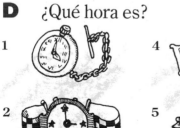

4

5

6

7

8

9

10

11

12

Aprende 14b

Son las dos **y** cinco

Son las cuatro **y** diez

Es la una **y** veinte

Es la una **y** veinticinco

Es la una **menos** veinticinco

Son las cuatro **menos** veinte

Son las cinco **menos** diez

Son las doce **menos** cinco

Son las doce de la noche

Son las doce de la mañana

Es medianoche

Es mediodía

Aprende 14c

Carlos está en el colegio **a la** una.

Carlos está en el hotel **a medianoche.**

Carlos está en la cocina **a las** dos.

Cosas de Isabel

6 de agosto.
A las ocho de la mañana - aeropuerto de Málaga.
A las once, Barajas - Madrid. ¡Eduardo!

E Escucha y escribe en tu cuaderno

¿Qué hora es? 1-20

LIBRO DE EJERCICIOS   D & E

F Escribe las frases completas

Ejemplo

Son las nueve de la mañana y Carlos no está en el hotel; está en la comisaría con las llaves de las habitaciones del hotel.

7 [clock] y [boy] no está ni en el [plate with fork and knife] ni en el [pool]
no están en la en la

ni en el
en la

8 Hay [doors 36 37 38] en el [H]
Está en la

PROGRAMA
DE FIESTAS

SÁBADO, 4 DE JULIO:

— A las SEIS de la TARDE, PARTIDO DE FUTBOL femenino.

DOMINGO, 5 DE JULIO:

— A la UNA y MEDIA, Festival Infantil, actuación del Grupo de Payasos «LA MAGIA DE TU SONRISA».

LUNES, 6 DE JULIO:

— A las OCHO de la TARDE, CARRERA DE BURROS.
— A las DOCE de la NOCHE, FUEGOS ARTIFICIALES.

G Lee y contesta las preguntas

El profesor entra en la clase.
Profesor: ¿Qué pasa aquí? ¡La ventana está abierta y hace frío! Es el trece de enero, no de agosto.

Choose the right answer.

1 ¿Quién entra en la clase?
   a el profesor **b** Carlos
2 ¿Qué tiempo hace?
   a hace buen tiempo **b** hace mal tiempo
3 ¿Qué fecha es? **a** es el trece de agosto **b** es el trece de enero

«¡Madre mía, qué frío hace en la Alhambra!»

¡Hola! Me llamo Miguel y tengo diecisiete años. Vivo en el sur de España, en la costa, con mis padres y mis dos hermanos. Tengo tres tías en Madrid y una tía en Granada. No tengo ni abuelos ni amigos.

Say whether the following are:
verdadero, falso o **posible.**

4   Miguel tiene diecisiete hermanos.
5   Tiene once años.
6   Miguel vive en Málaga.
7   No tiene tías en Madrid.
8   No tiene amigos.
9   Tiene un abuelo en Perú.
10   Vive con cuatro personas.

H   ¡Recuerda! *Remember!*

de–del–de la
Isabel–de Isabel
el tío–del tío
la ventana–de la ventana

Escoge:

de–del–de la

Ejemplos

a   madre–Pepito = la madre **de** Pepito
b   ventanas–museo = las ventanas **del** museo
c   llave–habitación = la llave **de la** habitación

1   amiga–Isabel
2   catedral–Zaragoza
3   puerta–museo
4   llaves–hotel
5   centro–España
6   norte–Austria
7   ventanas–biblioteca
8   bares–ciudad
9   ciudades–Inglaterra
10   hoteles–capital

MIERCOLES DIA 28   17.00 h.
ENTIERRO DE LA SARDINA
Cortejo de charangas y orqu...

Sábado 10

TM-3 ■ LA TÍA DE CARLOS
(1980), de Luis María Delgado, con Francisco Martínez Soria, María Kosty, Rafael Alonso, María Luisa Ponte. Color. 95 minutos.

EXPOSICIÓN DE PINTURA
Viernes 8 de Setiembre
A las 9 de la noche

PARADORES ESPAÑA

Hostería nacional
«**Del Estudiante**»
ALCALA DE HENARES.—(Madrid)

¡Recuerda! *Remember!*

de los–de las
los hoteles–las llaves **de los** hoteles
las puertas–las llaves **de las** puertas

El 33 por 100 de los españoles visitan museos frecuentemente

Ejemplo

Las llaves **de las** habitaciones **de los** clientes **del** hotel están en la recepción **de la** comisaría **de** Málaga.

Completa:

11 las piscinas _____ los hoteles _____ la costa
12 las ventanas _____ los museos _____ Madrid
13 **La** puerta _____ la catedral _____ Sevilla está abier**ta**.
14 **La** puerta _____ museo _____ Málaga está cerrad ___.
15 **La** amiga _____ padre _____ Carlos está enfadad ___.
16 **El** tío _____ amigo _____ Isabel está enferm ___.
17 **El** padre _____ la amiga _____ Ahmed está content ___.
18 **La** puerta _____ la habitación _____ David está abiert ___.

> LIBRO DE EJERCICIOS   F

Aprende 15

mi ... mi libro
tu ... tu libro
su ... su libro
su ... su libro
su ... su libro

mis ... mis libros
tus ... tus libros
sus ... sus libros
sus ... sus libros
sus ... sus libros

I Escoge la descripción correcta

1
2
3
4
5

6
7
8
9
10

mis llaves	sus llaves
su llave	tu llave
su llave	tu hijo
su hijo	tus hijos
sus hijos	su hija

LIBRO DE EJERCICIOS ▷ G

J Lee y contesta las preguntas

*Read the following passage and answer the
questions below.*

Es lunes 8 de enero en Nueva York. Son las siete de
la mañana y David está en su habitación. Está
nevando y hace mucho frío. En la habitación David
tiene una cama, una mesa con sus libros, las llaves de
la casa y una fotografía de su familia. En la foto hay
cinco personas: David, sus dos hermanas, un
hermano y su madre. David no tiene padre. Su madre
no está en casa; a las cuatro de la madrugada los días
laborables está en la carnicería del Sr. Hoffman. Sus
hermanas están en la cama, en su habitación, pero su
hermano, Daniel, que tiene ocho años, no está en su
habitación. ¿Dónde está Daniel? No está ni en la
cocina ni en el cuarto de baño ni en el jardín. En la
puerta de la habitación de David hay una nota que
dice: «Estoy en casa del tío Harry porque mañana no
hay clase. Mi colegio está cerrado porque hace mucho
frío. Daniel.» David está muy enfadado porque el tío
Harry vive en el número noventa y ocho, y David vive
en el número dos de la Avenida de Puerto Rico.

Apartamento —
centro ciudad,
tres dormitorios,
comedor, cocina,
cuarto de baño,
balcón.
Tfno: 99—11—99

Contesta las preguntas.

1 ¿Qué día es?
2 ¿Qué hora es?
3 ¿Qué tiempo hace?
4 ¿Qué hay en la mesa de la habitación de David?
5 Describe la foto.
6 ¿Tiene David padre?
7 ¿Dónde está la madre de David?
8 ¿Dónde están las hermanas de David?
9 ¿Cuántos años tiene Daniel?
10 ¿Está Daniel en la cocina?
11 ¿Dónde está la nota?
12 ¿Dónde está Daniel?
13 ¿Dónde vive el tío Harry?
14 ¿Está David contento con Daniel?

1. PINOS DE CALAHONDA — "TIPO A" — Casitas adosadas duplex de 2 dormitorios, baño completo, cocina equipada, salón y pequeño jardín. Piscina comunal. Distancia playa 300 metros.

18. VILLAS CON PISCINA Y JARDINES PRIVADOS DE 3 Y 4 DORMITORIOS.

ORAL

Mira el cartel y contesta estas pregunta

¿Cuántos turistas hay?
¿Cuándo es la novillada?
¿A qué hora?
¿Dónde es la novillada?
¿Los turistas viven en Sevilla?
¿Cuánto cuestan las entradas?
¿Dónde está la Plaza Monumental?
¿Qué día es el 20 de agosto?
¿Te gustan los toros?

LIBRO DE EJERCICIOS   H

ROMPECABEZAS

1 Escribe en el orden correcto.

a menos son ocho las veinte
b seis las y cuarto son
c la diez menos es una

2 ¿Cuántas palabras?

Ejemplo *discotecatorce* = disco, discoteca y catorce

llavesegundosemanabueloficinamigagostormentambien

3 Lee.

En la ciudad **A** no hay ni museo ni teatro, pero hay biblioteca y piscina. En la ciudad **B** no hay ni biblioteca ni piscina, pero hay museo y teatro. En la ciudad **C** hay museo y biblioteca, pero no hay ni piscina ni teatro.

a ¿Dónde hay biblioteca y museo?
b ¿Dónde hay biblioteca y piscina?
c ¿Dónde no hay teatro pero hay museo?

4 En verano Regina está en la Costa del Sol. En otoño, en primavera y en invierno está en la capital.

a ¿Dónde está Regina cuando hace mucho calor?
b ¿Dónde está cuando está el instituto abierto?
c ¿Dónde está cuando hace mucho frío?

REVISION TEST

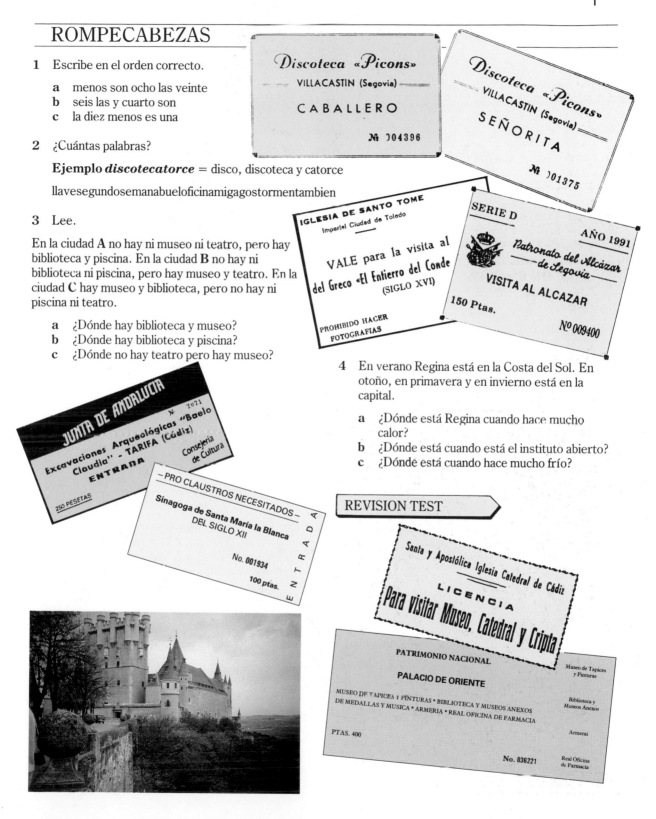

5

Capítulo Cinco

☺ **Adiós Mamá**

Domingo, 3 de agosto
● La familia de Salinas está en la Costa del Sol.

El 6 de agosto
● Carlos está con sus amigos en la comisaría de Málaga. Isabel no está en Málaga; está en Madrid con Eduardo.

COMISARÍA

El 8 de agosto
● Los señores de Salinas pagan el valor de las llaves al director del hotel. Los señores de Salinas van en avión de Málaga a Madrid y en tren a Zaragoza.

¡No puedo más! No puedo con mis hijos.

El 12 de agosto   ●   Llamada telefónica de la policía de París para la Sra. de Salinas. Isabel está en Francia sin dinero y sin permiso de sus padres.

El 13 de agosto   ●   La Sra. de Salinas va a París inmediatamente.

El 15 de agosto por la mañana   ●   En el tren de Francia a España.

La Sra. de Salinas: Hija, ¡ya no puedo más! No quiero ni más problemas, ni más familia. Quiero vivir con mis padres en Perú. Mañana voy a Madrid a la agencia de viajes, compro un billete de avión y el lunes . . . a Lima. Adiós hijos, adiós marido y adiós problemas.

Isabel: No, mamá, no, ¡por favor!

La Sra. de Salinas: Lo siento, hija, ya no puedo más. Quiero vivir en paz.

Noche del 15 de agosto

Madrid, 16 de agosto

El Rastro, Madrid

● Carlos, Isabel y su madre van de Zaragoza a Madrid.

● A las nueve y media de la mañana la Sra. de Salinas va al Rastro y compra dos maletas. Isabel y Carlos van detrás de su madre. La Sra. de Salinas no habla con sus hijos. Después va a la agencia de viajes y compra un billete de avión de Madrid a Lima.

BILLETES DE AVION
TARIFAS SUDAMERICA

	IDA	IDA / VUELTA
BUENOS AIRES / MONTEVIDEO	83.300 ptas.	109.200 ptas.
BOGOTA CARACAS		89.500 ptas.
SANTIAGO DE CHILE	68.600 ptas.	89.500 ptas.
MEXICO	83.300 ptas.	123.000 ptas.
RIO DE JANEIRO	61.500 ptas.	102.800 ptas.
LIMA	77.800 ptas.	96.800 ptas.
SAN JUAN / SANTO DOMINGO	88.900 ptas.	128.000 ptas.
	93.150 ptas.	

HORARIO
RENFE

A Escoge

1 a Carlos está en la comisaría el siete de agosto.
  b Carlos está en la comisaría el seis de agosto.
2 a El seis de agosto Isabel está en Madrid con Eduardo.
  b El seis de agosto Isabel está en París con Eduardo.
3 a La Sra. de Salinas llama a la policía de París.
  b La policía de París llama a la Sra. de Salinas.
4 a Los señores de Salinas pagan el valor de las llaves.
  b Los señores de Salinas no pagan en la comisaría.
5 a La Sra. de Salinas va a París el trece de agosto.
  b La Sra. de Salinas no va a París el trece de agosto.
6 a Los señores de Salinas van de Málaga a Madrid en avión.
  b La familia Salinas va de Málaga a Madrid en tren.
7 a Isabel y su madre hablan en el tren.
  b La Sra. de Salinas y su hija no hablan en el tren.
8 a La Sra. de Salinas compra una maleta en el Rastro.
  b La Sra. de Salinas compra dos maletas en el Rastro.
9 a La Sra. de Salinas compra dos maletas en la agencia de viajes.
  b La Sra. de Salinas compra un billete de avión en la agencia de viajes.
10 a La Sra. de Salinas habla mucho con sus hijos.
  b La madre no habla con sus hijos.

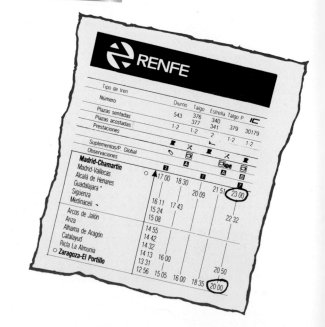

Aprende 16

PREGUNTAS

¿Qué . . .?   – una piscina, un tren, una maleta

¿Quién . . .?   – Isabel, Carlos, el Sr. Salinas

¿Dónde . . .?   – en Madrid, en el hotel, en la habitación

¿Cuándo . . .?   – los lunes, a las ocho, en enero

¿Cuántos . . .?   – tres hombres (*m*), veinte (*m*), muchos (*m*)

¿Cuántas . . .?   – tres llaves (*f*), cinco chicas (*f*), muchas maletas (*f*)

B   Lee y elige la respuesta adecuada

El quince de agosto la Sra. de Salinas va con sus hijos a la estación de Zaragoza y compra tres billetes de Zaragoza a Madrid.

1 **¿Quién** compra los billetes? (Isabel, la Sra. de Salinas, Carlos)
2 **¿Qué** compra la Sra. de Salinas? (una estación, tres billetes, un tren)
3 **¿Dónde** compra los billetes? (en Madrid, en el tren, en Zaragoza)
4 **¿Cuándo** van a Madrid? (el jueves, el 15 de agosto, a medianoche)
5 **¿Cuántos** billetes compra? (uno, tres, muchos)

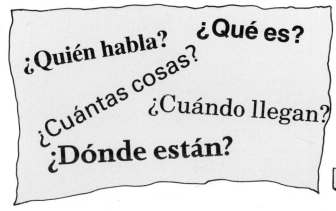

¿Quién habla?   ¿Qué es?
¿Cuántas cosas?   ¿Cuándo llegan?
¿Dónde están?

LIBRO DE EJERCICIOS   A

C   ¿Quién piensa o quién dice?

Ejemplo «Quiero vivir en paz.» (Isabel, el Sr. Salinas, **la Sra. de Salinas**)

1 «Estoy en la comisaría con mis amigos.» (Isabel, Carlos, el Sr. Salinas)

2 «Estoy en París con Eduardo.» (Carlos, la Sra. de Salinas, Isabel)

3 «Pago el dinero al director del hotel.» (Carlos, Isabel, el Sr. Salinas)

4 «¡Ya no puedo más!» (la Sra. de Salinas, el Sr. Salinas, Carlos)

5 «No quiero vivir más en Madrid.» (Eduardo, la Sra. de Salinas, Isabel)

6 «No quiero más problemas.» (la policía de París, Isabel, la Sra. de Salinas)

7 «Isabel está en París sin dinero.» (la policía de París, Carlos, Isabel)

8 «Un billete de avión de Madrid a Lima, por favor.» (Eduardo, Carlos, la Sra. de Salinas)

9 «Isabel, mamá está en la agencia de viajes.» (Eduardo, Carlos, el Sr. Salinas)

10 «Mis abuelos están en Perú.» (el Sr. Salinas, Carlos, la Sra. de Salinas)

Cosas de Isabel

¡Cuántos problemas! ¡No hay solución! Mi madre a Perú y mi padre, mi hermano y yo solos en Zaragoza...

GUIA DEL VIAJERO
AVIONES DESDE MALAGA

SALIDAS INTERNACIONALES:

Amsterdam: 07,30 (lunes a domingo); 7.30 y 11,15 (sábado)

Boston: 17,30 (martes y miércoles).

Bruselas: 14,10 (lunes, viernes y domingo).

Casablanca: 10,00 (lunes, miércoles y viernes).

Londres: 15,00 (lunes, martes, miércoles, jueves, viernes y domingo);

Nueva York: 17,35 (lunes, martes, miércoles y jueves);

Copenhague: 09,00 (lunes a domingo).

Ginebra: 14,30 (martes, jueves y sábado);

Frankfurt: 13,25 (viernes, sábado y domingo).

Dublín: 12,40 (sábado).

Aprende 17

COMPRAR *to buy*

☺ compr**o**

→☺ compr**as**

👫 compr**a**

☺☺ compr**amos**

→👥 compr**áis**

👫 compr**an**

Ejemplos

1 *La Sra. de Salinas:* Carlos, ¿qué compr**as** en el supermercado?
 Carlos: – Compr**o** pescado.
2 ¿Qué compr**a** Carlos en el supermercado? Compr**a** pescado.
3 – Isabel y Carlos, ¿que compr**áis** en el supermercado?
 – Compr**amos** verduras.
4 ¿Qué compr**an** Isabel y Carlos en el supermercado? Compr**an** verduras.

Compro Antigüedades
Muebles, Cuadros, Relojes, Bronces, Porcelanas, Abanicos, Bastones, Libros, Ropas antiguas, Mantones, Juguetes y Muñecas antiguas, etc.
También Pisos completos.
MAXIMOS PRECIOS
Teléfonos 266 28 36 y 730 72 87
Alicia y Miguel - Plaza General Vara de Rey, 11

COMPRAS
Compramos vehículos con menos de cinco años **tel** 861 43 55. Calle Santa Engracia, Metro Ríos Rosas.
Compro fotos de ciudades latinoamericanas. Pago bien. **tel** 945 16 21, José Luis

Aprende también: **pasar** – *to spend time*, **llegar** – *to arrive*, **trabajar** – *to work*, **pagar** – *to pay (for)*, **hablar (con)** – *to speak (to)*

LIBRO DE EJERCICIOS ▷ B

D Lee y contesta las preguntas

Los domingos de Teresa

La madre de Teresa trabaja en un cine. Los domingos
Teresa llega a las siete de la tarde, habla con su
madre, no paga y siempre pasa tres horas en el cine.

1 ¿Quién trabaja en el cine?
2 ¿A qué hora llega Teresa?
3 ¿Pasa cuatro horas en el cine?
4 ¿Habla Teresa con su madre?
5 ¿Paga Teresa?

E ¿Qué dice Teresa de sus domingos?

«**Mi** madre trabaja en un cine. Los domingos **llego**
. . .»   Continúa.

F Completa las frases correctamente, utilizando las siguientes expresiones

(a las ocho, chocolate, en una discoteca, cuatro
días en Madrid, el profesor, veinte dólares)

1 Manuel trabaja . . .
2 Mi hermano habla con . . .
3 El profesor pasa . . .
4 Carlos llega . . .
5 El Sr. Salinas paga . . .
6 Isabel compra . . .

G Contesta en español

1 ¿Hablas inglés?
2 ¿Dónde compras carne?
3 ¿Pasas mucho tiempo en el cuarto de baño por la mañana?
4 ¿A qué hora llegas al colegio por la mañana?
5 ¿Pasas los fines de semana en la capital?
6 ¿Trabajas en el mercado los sábados?
7 ¿A qué hora llegas a casa por la tarde?
8 ¿Cuándo hablas con tus tíos?
9 ¿Cuándo compras chocolate?
10 ¿Hablas español con tu profesor/a?
11 En el supermercado, ¿pagas en pesetas o en dólares?
12 ¿Hablas con tus amigos cuando el profesor llega a clase?
13 ¿Hablas con los padres de tu amigo/a cuando pasas los fines de semana en su casa?
14 ¿Por qué no compras diamantes?
15 ¿Te gustan los fines de semana?

Cosas de Isabel

me gustan mucho los fines de semana,
los sábados porque no trabajo y
los domingos porque no estudio.
Los días festivos no están mal…

Aprende 18a

IR *to go*

 voy

vas

va

vamos

vais

van

ir a, ir al, ir a los, ir a las

El mercado   Carlos **va al** mercado.

«También voy a McDonald's»

Ejemplos

Madrid	Carlos **va a** Madrid.
La agencia de viajes	Carlos **va a la** agencia de viajes.
Los bares	El Sr. Salinas **va a los** bares.
Las discotecas	Ahmed no **va a las** discotecas.

H   Completa en tu cuaderno

Preguntas   **Respuestas**

Ejemplo ¿Quién va a la piscina?   Carlos va a la piscina.

1   ¿Quién va a la comisaría?   El Sr. Salinas . . .
2   ¿Quién va al Rastro?   La Sra. de Salinas . . .
3   ¿Quién va a Lima?   La Sra. de Salinas . . .
4   ¿. . .?   Carlos va al mercado.
5   ¿. . .?   Isabel va a París.
6   ¿. . .?   El Sr. Salinas va a la capital.
7   ¿Quién va a los Estados Unidos? David . . .
8   ¿Quién no va a las discotecas?   . . .

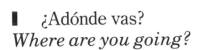

▌ ¿Adónde vas?
Where are you going?

¡Recuerda! *Remember!*

voy **a**   voy **a la**   voy **al**
voy **a los**   voy **a las**

Contesta.

Ejemplo ¿Adónde vas? (**el** aeropuerto) – Voy **al** aeropuerto.

1   ¿Adónde vas? (la discoteca) . . .

2   ¿Adónde vas? (Lima) . . .
3   ¿Adónde vas? (Madrid) . . .
4   ¿Adónde vas? (el jardín) . . .
5   ¿Adónde vas? (la comisaría) . . .

Continúa.

¿Adónde vas?   **6** la piscina   **7** España   **8** el hotel   **9** la agencia de viajes   **10** el Rastro   **11** el banco   **12** Francia   **13** Nueva York   **14** los bares

CUENTA ABIERTA
BANESTO
Banco Español de Crédito

LIMA

La Ciudad de los Reyes es hoy una gran ciudad de 5 millones de habitantes y capital del Perú.

conozca las ventajas
de un gran Banco

BC BANCO CENTRAL
su banco amigo

Banco de
los Andes
da crédito a sus ideas

SIEMPRE CON LA TARJETA CAJAMADRID.

CAJA DE MADRID

LIBRO DE EJERCICIOS   C

Aprende 18b

¿QUIÉNES VAN? *Who is going . . .?*

Ejemplo

¿Quién **va** al teatro? – Carlos **va** al teatro.
¿Quiénes **van** al teatro? – Ana y Pepe **van** al teatro.

Parador Nacional Castillo de Sigüenza

J   Completa en tu cuaderno

1   ¿Quiénes van al mercado?   Carlos y Ahmed ....
2   ¿Quiénes van al hotel?   Mis hermanos ....
3   ¿......................................?   El Sr. Salinas va a la iglesia.
4   ¿......................................?   Carlos y su hermana van al teatro.
5   ¿......................................?   Ahmed y su madre van a la Mezquita.
6   ¿......................................?   Ahmed va a la Mezquita.

K   Escribe

Ejemplos

 Voy   a →   España  L M M J V S [D] el domingo.

Vas   al → mercado L M M J V S (D) los domingos.

Carlos va   a → Francia   Agosto 1 2 3 4 5 6 [7] el siete de agosto.

Continúa.

1    _____ _____    L M M J V S (D)

2    _____ _____    L M M J (V) S D

3    _____ _____    L M M J V (S) D

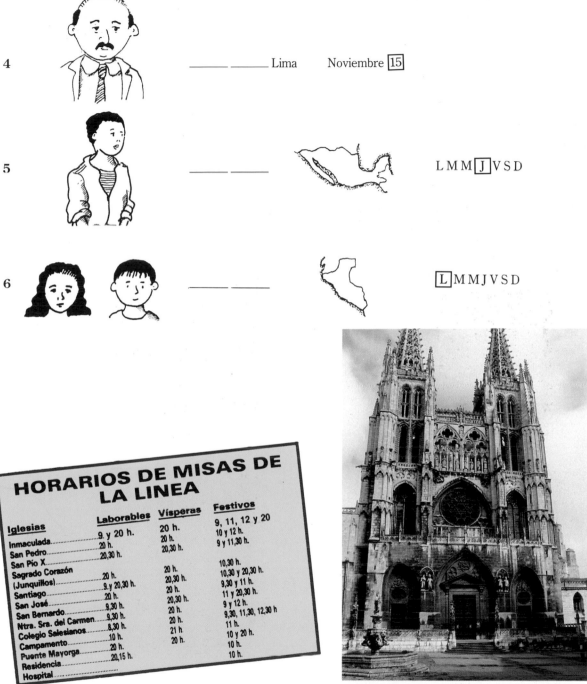

4 _____ _____ Lima   Noviembre $\boxed{15}$

5 _____ _____   L M M $\boxed{J}$ V S D

6 _____ _____ $\boxed{L}$ M M J V S D

HORARIOS DE MISAS DE LA LINEA

Iglesias	Laborables	Vísperas	Festivos
Inmaculada	9 y 20 h.	20 h.	9, 11, 12 y 20
San Pedro	20 h.	20 h.	10 y 12 h.
San Pío X	20,30 h.	20,30 h.	9 y 11,30 h.
Sagrado Corazón (Junquillos)	20 h.	20 h.	10,30 h.
Santiago	9 y 20,30 h.	20,30 h.	10,30 y 20,30 h.
San José	20 h.	20 h.	9,30 y 11 h.
San Bernardo	9,30 h.	20,30 h.	11 y 20,30 h.
Ntra. Sra. del Carmen	9,30 h.	20 h.	9 y 12 h.
Colegio Salesianos	8,30 h.	20 h.	9,30, 11,30, 12,30 h.
Campamento	10 h.	21 h.	11 h.
Puente Mayorga	20 h.	20 h.	10 y 20 h.
Residencia	20,15 h.		10 h.
Hospital			10 h.

Catedral de Burgos

LIBRO DE EJERCICIOS ⟩ D

Aprende 19a

delante **de**	delante **del**	delante **de la**
delante **de los**	delante **de las**	

Carlos está delante de Isabel.

detrás **de**	detrás **del**	detrás **de la**
detrás **de los**	detrás **de las**	

La Sra. de Salinas está detrás del Sr. Salinas.

al lado **de**	al lado **del**	al lado **de la**
al lado **de los**	al lado **de las**	

María está al lado de Teresa.

entre . . .   y . . .

David está entre Ahmed y el Sr. Salinas.

L   Escribe

Look at the picture and write the complete
sentences in your exercise book.

Ejemplo

a   Ahmed . . . Teresa.
Ahmed está delante de Teresa.

b   Las chicas . . . los chicos.
Las chicas están detrás de los chicos.

1   David . . . María.
2   Teresa . . . Ahmed.
3   Teresa . . . Isabel y María.
4   Los chicos . . . las chicas.
5   David . . . Ahmed.
6   La madre . . . **el** padre.

Aprende 19b

Las banderas están a la derecha. ——————————→

El bar está a la izquierda. ←——————————

M Completa

Mira el dibujo en **Aprende 19a** y completa con **a la derecha** o **a la izquierda.**

1 Ahmed está . . .
2 Teresa e Isabel están . . .
3 El bar está . . .
4 El Sr. Salinas está . . .
5 David y el Sr. Salinas están . . .
6 María y la Sra. de Salinas están . . .

LIBRO DE EJERCICIOS ⟩ E

N Mira el dibujo y escoge

1 El hombre está (*cerca de/lejos de*) la caja.
2 París está (*cerca de/lejos de*) Barcelona.
3 Las botellas están (*dentro de/fuera de*) la caja.
4 El loro está (*debajo de/encima de*) **el** sombrero.

Aprende 19c

dentro de – inside, in **fuera de** – outside **en** – in, on **debajo de** – underneath **sobre** – on **cerca de** – near, next to **encima de** – on top of, over, above **lejos de** – far from

Ejemplos

El sombrero está sobre la caja.
El sombrero está encima de la caja.
La caja está debajo del sombrero.
El hombre está cerca de Barcelona.
El hombre está lejos de París.
El vino está dentro de la caja.
El vino está en la caja.
Las cebollas están fuera de la caja.

Casas Colgadas de Cuenca, sobre la roca

O Une las preguntas con sus respuestas

Preguntas

1 ¿Qué hay sobre la caja?
2 ¿Qué hay cerca de la caja?
3 ¿Qué hay dentro de la caja?

Respuestas

a Hay tres botellas de vino.
b Hay un loro y un sombrero.
c Hay un hombre.

P Oral/Escrito

Contesta las preguntas.

1 ¿Te llamas Isabel?
2 ¿Estás bien?
3 ¿Tienes veinte años?
4 a ¿Cuántas hermanas tienes?   b ¿No tienes tíos?
5 a ¿Qué tiempo hace hoy?   b ¿Hace calor en Moscú en enero?
6 ¿Qué hora es?
7 ¿Dónde vives?
8 a ¿Te gusta el chocolate?   b ¿Te gustan los aviones?
9 a ¿Cuándo es tu cumpleaños?   b ¿Qué fecha es hoy?
10 a ¿Cuándo vas al colegio?   b ¿Cuándo vas a la iglesia?
11 a ¿Dónde está la Alhambra?   b ¿Dónde está Nueva York?
12 a ¿Hay playas en la costa?   b ¿Hay teatros en Madrid?
13 a ¿Quién es tu amigo/a?   b ¿Quiénes están en tu casa?
14 ¿Estás enfadado/a con tu profesor/a?
15 ¿Estás cerca de la biblioteca?
16 ¿Estás lejos del museo?
17 a ¿Cuántas chicas hay en tu clase?   b ¿Cuántos chicos hay en tu clase de español?
18 a ¿La puerta está abierta?   b ¿Está cerrada la ventana?
19 a ¿La puerta está a la izquierda?   b ¿Están las ventanas a la derecha?
20 a ¿Estás contento/a?   b ¿Está contento/a tu profesor/a?

ORAL

Mira el dibujo y contesta las preguntas.

¿Cuántas personas hay?
¿Cuántos chicos hay?
¿Adónde van?
¿Qué día es?
¿Qué fecha es?
¿A qué hora es la misa?
¿Están cerca de la iglesia?
¿Están delante de la iglesia?

Pregúntale a tu compañero/a.

¿Vas a la iglesia?   ¿Cuándo vas?
¿Vas con amigos?   ¿Vas a misa a las nueve?

LIBRO DE EJERCICIOS   F, G, H

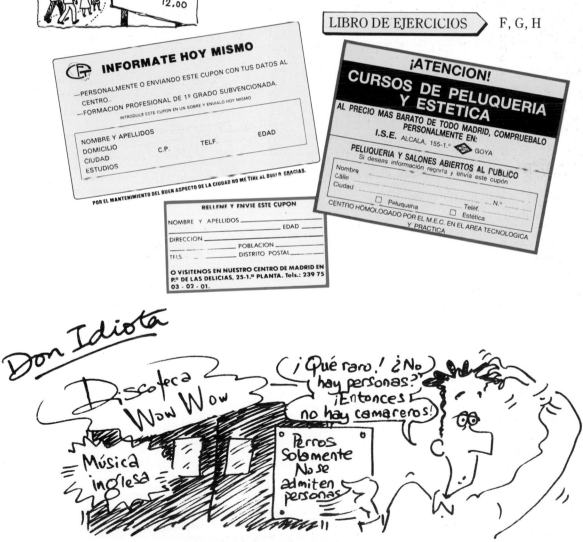

6

Capítulo Seis

☹ Barajas

En Barajas, el aeropuerto de Madrid.

El lunes dieciocho de agosto, a las nueve menos cuarto de la mañana, la Sra. de Salinas llega a Barajas en un taxi, con sus dos maletas y sin sus hijos. Pero Carlos e Isabel están allí. Están muy tristes, porque su padre está en el hospital en Zaragoza y porque su madre no habla, solamente llora. Isabel también está llorando. Está al lado de su madre. Carlos está detrás de una columna, llorando también.

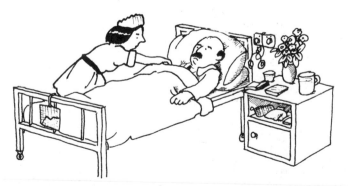

Isabel: Mamá, ¿tus señas en Perú . . . .? ¡Por favor!

Su madre no habla, no contesta. Llaman el vuelo Iberia 417 con destino a Lima. La Sra. de Salinas pasa a Isabel una nota con la palabra «Carmona» y pasa por el control de pasaportes.

A las diez y diez despega el avión de Barajas. Carlos e Isabel van en taxi al centro de Madrid y toman el tren para Zaragoza. Carlos va a casa e Isabel al hospital.

LIBRO DE EJERCICIOS ▷ A

A Contesta las preguntas en español

1 ¿A qué hora llega la Sra. de Salinas a Barajas? *8.4*
2 ¿Qué es Barajas?
3 ¿Cómo va a Barajas?
4 ¿Cuántas maletas lleva?
5 ¿Por qué están tristes Carlos e Isabel?
6 ¿Dónde está el Sr. Salinas?
7 ¿A qué hora despega el avión?
8 ¿Cómo van del aeropuerto a Madrid?
9 ¿Cómo van de Madrid a Zaragoza?
10 ¿Quién va al hospital?

Señores pasajeros, por razones de seguridad aeroportuaria, les rogamos:

a) No acepten paquetes, maletas u otros objetos de personas desconocidas.
b) Aseguren que sus maletas van debidamente cerradas e identificadas antes de facturar.

Muchas gracias.

B ¿Quién dice o quién piensa . . .?

Escoge (Carlos, Isabel, la Sra. de Salinas, el Sr. Salinas).

1 «Mi hermana y mi madre están llorando.»
2 «Mis hijos están con su madre en Madrid.»
3 «¿Dónde están mis maletas?»
4 «Mi hijo está llorando detrás de una columna.»
5 «En Perú, vivo en Carmona.»
6 «Voy a casa.»
7 «No voy al hospital.»
8 «¿Por qué no está contenta?»
9 «No estoy contenta porque mi padre está en el hospital.»
10 «Isabel y Carlos están muy tristes.»

Aprende 20

LLORAR to cry

 estoy llor**ando** – *I am crying*

estás llor**ando** – *you are crying*

está llor**ando** – *he/she is crying*

TRABAJAR *to work*

estamos trabaj**ando** – *we are working*

estáis trabaj**ando** – *you are working*

están trabaj**ando** – *they are working*

estudiar   llorar

entrar en   cantar

pintar   bajar

Isabel está llorando

C Completa las frases

Complete the following sentences in your exercise book.

Ejemplo  en el jardín.

Están trabajando en el jardín.

1 en mi habitación.

2 su habitación.

3 porque mi padre está triste.

4 en la discoteca.

5 ¿ mucho?

6 en el cuarto de baño.

7 ¿ la puerta?

8 las escaleras.

Están trabajando

Está estudiando

D   Une las preguntas con las respuestas

1   ¿Estás estudiando?
2   ¿Está estudiando Pepe?
3   ¿Están estudiando?
4   ¿Estáis estudiando?

a   Sí, están estudiando.
b   Sí, estamos estudiando.
c   No, no estoy estudiando.
d   No, no está estudiando.

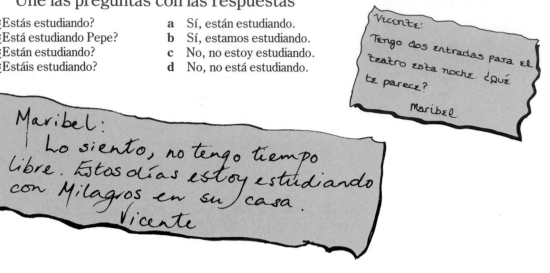

Vicente:

Tengo dos entradas para el teatro esta noche. ¿Qué te parece?

Maribel

Maribel:

Lo siento, no tengo tiempo libre. Estos días estoy estudiando con Milagros en su casa.

Vicente

ORAL

Mira el dibujo y contesta.

¿Cuántas personas hay?
¿Qué está haciendo el chico?
¿Qué está haciendo el señor?
¿Hay una persona pintando?
¿Quiénes están contentos?
¿Los dos bares están abiertos?
¿El bar a la derecha está cerrado?

Aprende 21

y (e) = *and*   o (u) = *or*
Isabel **y** Carlos   **pero**   Carlos **e** Isabel
seis **o** siete   **pero**   siete **u** ocho

LIBRO DE EJERCICIOS ▷   B & C

E Escribe y o e

Ejemplo Pepe . . . Ahmed =
Pepe **y** Ahmed

1 María . . . Teresa
2 Inglaterra . . . España
3 España . . . Inglaterra
4 chinos . . . indios
5 interesante . . . imposible
6 interesante . . . inteligente

Escribe o o u

7 cuatro . . . cinco
8 diez . . . once
9 escrito . . . oral
10 setenta . . . ochenta

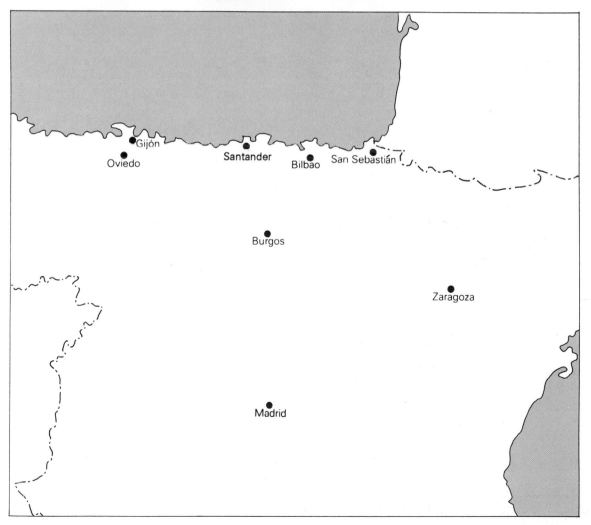

Cosas de Isabel

Martes: Cine con Eduardo y Pilar.
Jueves: Cine con Carmen e Ignacio.
Viernes: Discoteca con Eduardo o mis amigas.
Sábado: Con Eduardo a Gijón u Oviedo.
Y estudiar . . . ¿cuándo?

Aprende 22

SINGULAR
Masculino
El museo está abier**to**
Carlos está conten**to**

Femenino
La carnicería está abier**ta**
Isabel está conten**ta**

pero
El chic**o** está trist**e**
Carlos está trist**e**

La chic**a** está trist**e**
Isabel está trist**e**

PLURAL
Masculino
Carlos y Ahmed est**án** conten**tos**
Carlos y Ahmed est**án** triste**s**

Femenino
Isabel y María están conten**tas**
Isabel y María están triste**s**

PLURAL
Masculino y Femenino
Carlos y María est**án** conten**tos**
Isabel y Ahmed est**án** triste**s**

F Escoge **caliente** ☕ **frío** 🥤

1 Los cafés (están/está) (fríos/caliente).
2 Los tés (está/están) (calientes/frías).
3 La limonada (están/está) (fría/frío).
4 La leche (está/están) (frío/caliente).
5 Las tostadas (está/están) (fríos/calientes).
6 La cerveza (está/están) (fría/calientes).

Cacaolat

* **Cacaolat** = Fuerza y energía.
* Alimento natural.
* Alimento útil para niños y mayores.

SU COMPOSICION:
– Tiene leche.
– Tiene cacao puro.
– Tiene calcio.
– Tiene hierro.
– Tiene vitaminas.

¡Qué bueno es el **Cacaolat** !

G ¿Cómo te gusta? ¿Frío o caliente?

Responde **frío, fría, fríos, frías, caliente, calientes.**
Ejemplo ¿Cómo te gusta **la** leche?
Me gusta **la** leche **fría**

1 ¿Cómo te gusta el vino?
2 ¿Cómo te gusta el café?
3 ¿Cómo te gustan las tostadas?
4 ¿Cómo te gusta el té?
5 ¿Cómo te gusta el cacao?
6 ¿Cómo te gusta la sopa?
7 ¿Cómo te gusta la tortilla?
8 ¿Cómo te gustan los guisantes?
9 ¿Cómo te gusta la cerveza?
10 ¿Cómo te gustan los zumos?

Don Idiota

Bebidas
☐ Café con leche
☐ Café solo
☐ Gaseosa
☐ Leche fría
☐ Leche caliente
☐ Cerveza
☐ Té con leche
☐ Cola
☐ Azúcar

Un café con leche Pepe

H Completa

Fill in the spaces from the list below.

(está, calientes, están, llorando, fría, frías, gustan, caliente)

Estoy _llorando_ porque me _gustan_ las tostadas _calientes_ y la leche _fría_, y las tostadas _están_ _frías_ y la leche _está caliente_.

En Rioja, el tinto es Oro.

BERBERANA

El ascensor de mis abuelos

¡Silencio por favor!
1564 Cervantes

Aprende 23

VERBOS REGULARES **ER   IR**

BEBER *to drink*

bebo 😊
bebes →😮
bebe 🚹🚺
beb**emos** 😊😊
beb**éis** →😮😊
beben 🚹🚺

SUBIR *to go up*

subo 😊
subes →😮
sube 🚹🚺
sub**imos** 😊😊
sub**ís** →😮😊
suben 🚹🚺

Learn:

com**er** – *to eat*
comprend**er** – *to understand*
permit**ir** – *to allow*
escrib**ir** – *to write*
vend**er** – *to sell*
aprend**er** – *to learn*
viv**ir** – *to live*
discut**ir** – *to argue, discuss*

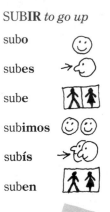
¿Aprender música por correo?

I Escribe la forma adecuada del verbo

1 😊 _Como_ mucho los fines de semana. (*comer*)

2 Mis hermanos no _beben_ vino tinto. (*beber*)

3 ¿ →😮 _Aprendéis_ español en el colegio? (*aprender*)

4 No 🚹🚺 _comprenden_ las clases de matemáticas. (*comprender*)

5 ¿ →😮 _Vives_ en Sevilla o en Córdoba? (*vivir*)

6 Mis abuelos _suben_ a la oficina en ascensor. (*subir*)

7 El profesor no _permite_ ruido en la clase. (*permitir*)

8 😊😊 _Discutimos_ mucho en casa. (*discutir*)

9 Nunca 😊 _escribo_ a mis primos. (*escribir*)

10 Mi carnicero _vende_ carne de Argentina. (*vender*)

¿velocidad?, la justa
ni más ni menos

Si bebes...
NO conduzcas
(Stevie Wonder)

conductor recuerde

Cuando conduzca, cuidado con la carretera

🔲 **J** Escucha

Listen to the tape and underline the verb you hear in each sentence.

Ejemplo Mis hermanos no beben café. **a** bebe **b beben**

1	**a** bebo	**b** bebe
2	**a** aprendemos	**b** aprendéis
3	**a** permite	**b** permiten
4	**a** subes	**b** subís
5	**a** viven	**b** vivo
6	**a** comprendo	**b** comprende
7	**a** escribís	**b** escribes
8	**a** discutes	**b** discutís
9	**a** venden	**b** vende
10	**a** come	**b** comes

LIBRO DE EJERCICIOS D, E, F, G

Aprende 24

Recuerda:	cant**ar** (*to sing*) – está cant**ando** (*he is singing*)
Aprende:	beb**er** (*to drink*) – está beb**iendo** (*she is drinking*)
	sub**ir** (*to go up*) – está sub**iendo** (*she/he is going up*)
¡CUIDADO!	le**er** (*to read*) – está le**yendo** (*she/he is reading*)

Está leyendo

K   Lee

Isabel está llorando a la entrada del hospital. Su madre está llegando a Perú e Isabel está recordando la estúpida decisión del día 3 de agosto.

LIBRO DE EJERCICIOS ⟩ H

☺ Conversación por teléfono – 3 de agosto

Eduardo:	¡Hola! ¿Isabel? Soy Eduardo.
Isabel:	¡Eduardo! ¿Cómo estás? ¿Dónde estás?
Eduardo:	Muy bien, gracias. Estoy en Madrid. Tus padres y tu hermano, ¿están bien?
Isabel:	Sí, muy bien.
Eduardo:	¿Están en la habitación? ¿Qué están haciendo?

Isabel: No, estoy sola en la habitación. Carlos está bebiendo gaseosa en el bar, mi padre está escribiendo a sus hermanas en el jardín y mi madre está discutiendo con mi hermano porque está bebiendo gaseosa todo el día. Y tú, ¿qué estás haciendo estos días?

¿Sin permiso de mis padres?

Isabel: Bueno, Eduardo, ¿qué quieres?

Eduardo: Mira, Isabel, tengo unos amigos que van a Francia en coche mañana. ¿Por qué no vamos con ellos?

Isabel: ¡Estás loco, Eduardo! ¿Sin permiso de mis padres? Oye, lo siento, adiós, mis padres están subiendo a la habitación.

Eduardo: Adiós, mañana a las once estoy en Barajas esperando el vuelo de Málaga.

Eduardo: Pues, la verdad es que no estoy estudiando mucho y siempre estoy discutiendo con mi familia también. Mis padres ahora están tomando el sol en el jardín.

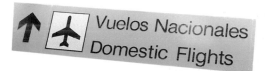

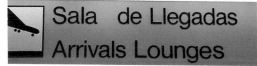

Contesta las preguntas en español.

1 ¿Con quién está hablando Isabel?
2 ¿Cómo están los padres de Isabel?
3 ¿Qué está haciendo Carlos?
4 ¿Qué están haciendo los padres?
5 ¿Está estudiando mucho Eduardo?
6 ¿Qué están haciendo los padres de Eduardo?
7 ¿Adónde van los amigos de Eduardo?
8 ¿Por qué dice de pronto Isabel «adiós»?
9 ¿Dónde está esperando Eduardo el vuelo de Málaga?
10 ¿Por qué está llorando Isabel a la entrada del hospital?

L ¿Quién dice o quién piensa . . .?

(Isabel, Carlos, el Sr. Salinas, la Sra. de Salinas, Eduardo)

1 «No quiero entrar en el hospital porque estoy llorando.»

2 «¿Estás sola en la habitación?»

3 «¡Estás bebiendo mucha gaseosa!»

4 «Estoy escribiendo a mis hermanas.»

5 «Hace mucho calor. Quiero una gaseosa.»

6 «No voy a Francia sin permiso de mis padres.»

7 «¿Vas a Francia sin permiso de tus padres?»

8 «¿Qué tiempo hace en la costa?»

9 «¿Por qué no está mi hija con su madre y su hermano?»

10 «¿Está tu padre escribiendo a tus tías?»

M *Which picture is being described?*

ROMPECABEZAS

1 Ordena las letras y forma palabras.

jrbaaas, otuparesero, potilo, nóvia, salemat, loveu, anaaud, dragepes.

2 El vuelo Iberia 600 de Madrid a la capital de Inglaterra despega de Barajas a las nueve y veinte. Llega a Inglaterra en dos horas y cinco minutos. Está dos horas en el aeropuerto de Heathrow.

a ¿A qué hora llega?
b ¿A qué ciudad llega?
c ¿A qué hora llega a Madrid?

3 Mario no bebe alcohol. Mariano no bebe nada frío. Martín no bebe nada caliente. María no bebe ni alcohol ni nada caliente.

a ¿Quién bebe cerveza?
b ¿Quiénes beben café?
c ¿Quiénes beben gaseosa?

4 El museo está abierto los lunes y los viernes. El teatro está cerrado los martes y los jueves. La biblioteca está cerrada los fines de semana. En una semana Don Idiota pasa tres días en la biblioteca, dos días en el teatro y dos días en el museo.

a ¿Qué días va al teatro?
b ¿Qué días va a la biblioteca?
c ¿Qué días va al museo?

5 Find the missing letter from each of these Spanish cities and discover two very familiar words. Use a map of Spain to help you.

VAL_NCIA   AL_ERIA
_ORIA   H_ELVA
PAM_LONA   ALICA_TE
SEGOVI_   CUL_AD REAL
LA CORU_A   OV_EDO
P_NTEVEDRA   _VILA
_UGO   _OGROÑO

6 ¿Cual no pertenece?

a vino, café, tostadas, té
b tortilla, guisantes, cerveza, sopa
c abierto, contento, triste, están
d habitación, jardín, aeropuerto, cuarto de baño
e biblioteca, teatro, casa, museo
f subes, voy, estoy, bebo
g avión, vuelo, piloto, aduana
h María, Mariano, Martín, Mario
i maleta, gaseosa, hermana, padre
j pintar, vivo, escribir, llorar

Capítulo Siete

Aprende 25

ESTAR *to be*		SER *to be*	
estoy	*I am*	soy	*I am*
estás	*you are*	eres	*you are*
está	*she/he is*	es	*she/he is*
estamos	*we are*	somos	*we are*
estáis	*you are (pl)*	sois	*you are (pl)*
están	*they are*	son	*they are*

LUGAR – *place or position*

Estoy en Marbella.	*I am in Marbella.*
Estoy en el hotel.	*I am in the hotel.*
Estoy en mi habitación.	*I am in my room.*

Está sola

TEMPORAL – *expected to change*

Está sorprendida

Estoy sentado en la cama.	*I am sitting on the bed.*
Estoy cansado.	*I am tired.*
Estoy enfadado con mis hijos.	*I am angry with my children.*

Está sentada en el café

PERMANENTE – *not expected to change*

Soy Mariano Salinas.	*I am Mariano Salinas.*
Soy cl padre de Isabel y de Carlos.	*I am the father of Carlos and Isabel.*
Soy bueno con mis hijos.	*I am good to my children.*

El Sr. Salinas dice de Isabel:

Está en Francia con Eduardo. **(lugar)**
Es egoísta. **(permanente)**
Está contenta pero **está** asustada, **estoy** seguro. **(temporal)**
Es desobediente y estúpida, **(permanente)**

Son hispanohablantes

Tu ciudad está limpia porque tú eres limpio.

Virginia: Si no estás contenta y quieres ser feliz, llámame. Tomás.

. . . pero es elegante

No está permitida la venta de TABACO a menores de 16 años

Las autoridades sanitarias advierten que fumar perjudica seriamente la salud

A   Utiliza **ser** o **estar** correctamente

1 Mariano Salinas _____ el padre de Isabel.   (es/está)
2 _____ muy enfadado con su hija.   (es/está)
3 Isabel _____ en Francia sin permiso de sus padres.   (es/está)
4 La Sra. de Salinas también _____ enfadada.   (es/está)
5 Isabel _____ muy desobediente.   (es/está)
6 Sus padres _____ muy tristes.   (son/están)
7 Isabel y Carlos _____ estudiantes.   (son/están)
8 Eduardo no _____ muy inteligente.   (es/está)
9 Los padres de Eduardo también _____ enfadados.   (son/están)
10 Ahora la Sra. de Salinas _____ en Perú.   (es/está)
11 Carlos e Isabel _____ sin su madre y Mariano Salinas _____ sin su mujer.   (están/son) (es/está)
12 Isabel _____ arrepentida porque su padre _____ bueno con sus hijos.   (es/está)

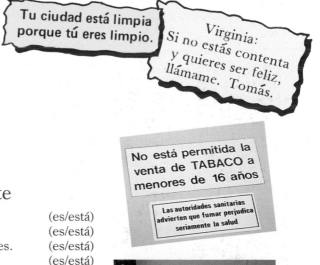

Isabel, ¿arrepentida?

B   Utiliza **son** o **están**

1 _____ hermanos.
2 _____ inteligentes.
3 _____ allí.
4 _____ aquí.
5 _____ cerrados.
6 _____ desobedientes.
7 _____ pilotos.
8 _____ carniceros.

9 _____ sorprendidos.

10 _____ a la derecha.

11 _____ enfermeras.

12 _____ enfermos.

> LIBRO DE EJERCICIOS   A

Cosas de Isabel

Estoy muy sola ahora en Zaragoza sin mi madre. Soy muy egoísta. Carlos está muy triste y mi padre está bastante enfermo...
Estoy totalmente arrepentida.
Mi madre está en Perú, pero es buena. Pronto Carlos y yo vamos a estar en Perú también, y en un mes todos juntos en Zaragoza otra vez, porque somos una familia.
¡Ojalá!

😐 ¡Y ahora qué?

Carlos **está** muy intranquilo. **Es** un chico desobediente pero también de buen corazón. No olvida que su padre **está** en el hospital, que su madre **está** en Perú y que seguramente todos **están** muy tristes.

Isabel también **es** una chica de buen corazón y ahora **es** muy buena con su familia. Habla con Carlos, saca un cuaderno y anota sus pensamientos.

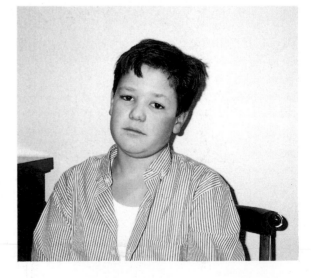

«Mañana arreglo todo para el viaje a Perú. Necesitamos mucho dinero, pasaportes, mapas, y claro, permiso de papá. Primeramente, el dinero **es** un problema. No, . . . hablamos con las tías de Granada y la abuela en Córdoba y . . . si mandan dinero, reservamos en seguida los vuelos para Lima. Pero primero vamos al hospital. Papá decide.»

Miércoles por la mañana en el hospital.

Carlos e Isabel:	¡Hola papá! ¿Cómo **estás**?
El Sr. Salinas:	Mejor, hijos, mucho mejor.
Isabel:	Me alegro mucho, papá. Papá, quiero ir a Perú. **Somos** una familia, **eres** el marido de mamá, y vivimos todos juntos en Zaragoza. ¿Dónde **está** Carmona?
El Sr. Salinas:	**Está** en el sur de Perú. **Es** un pueblo pequeño. Allí **están** los padres de mamá.
Carlos:	Papá, necesitamos dinero.
El Sr. Salinas:	Sí, sí, ya lo sé. Perú **está** muy lejos de España y el viaje **es** muy caro. Mira, Isabel, mañana hablas con tus tías y con tu abuela, y si mandan dinero, vas a la agencia de viajes, compras los billetes, preparas las maletas y el sábado vais a Perú. Sólo **son** dos días más en el hospital. Adiós, hijos.

LIBRO DE EJERCICIOS ⟩ B

C Contesta las preguntas

1 ¿Qué no olvida Carlos?
2 ¿Dónde anota sus pensamientos Isabel?
3 ¿Qué necesitan para el viaje a Perú?
4 ¿Van a Perú sin permiso de su padre?
5 ¿Cuándo van al hospital?

6 ¿Qué es Carmona y dónde está?
7 ¿Dónde viven los tres abuelos de Carlos?
8 ¿Está el padre el sábado en el hospital?
9 ¿Qué día habla Isabel con sus tías?
10 ¿Dónde venden los vuelos?
11 ¿Van a Perú si las tías y la abuela no mandan dinero?
12 ¿Quién es el marido de la madre de Isabel?

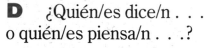

D ¿Quién/es dice/n . . . o quién/es piensa/n . . .?

(Carlos, Isabel, el Sr. Salinas)

1 «Isabel es buena con papá.»
2 «Mis hijos son buenos con la familia.»
3 «Hablas primero con tus tías.»
4 «Vamos al hospital.»
5 «Quiero ir a Perú con mi hermano.»
6 «¿Dónde está Carmona?»
7 «Si las tías mandan dinero vamos a Carmona.»
8 «No olvidamos que mamá está en Perú.»
9 «El sábado vosotros vais a Perú y yo voy a casa.»
10 «Es importante vivir todos juntos aquí.»
11 «Somos muy desobedientes.»
12 «Ni mamá ni yo necesitamos más problemas.»
13 «Lo siento mucho, papá, el amigo de mi hermana está loco.»
14 «Pienso mucho en mi mujer.»
15 «Me gusta más la cama que tengo en casa.»
16 «Si mandan dinero vais al banco.»

Cosas de Isabel

Tengo que hablar con mis tías. ¡Qué miedo! Yo tengo la culpa de todo. ¡Qué preocupación!

Barcelona,
20 de agosto

Queridos todos:

Hoy es miércoles. Estamos en Barcelona. Esta noche vamos al teatro.

Hasta pronto.

Bárbara

Familia Peral Terry
C/ Eduardo Adaro 3,2º
28041 MADRID

E Mira y elige Mira los dibujos y elige la descripción adecuada.

1 2 3 4 5 6

a es bueno **b** son buenas **c** es buena **d** son malos **e** son malas **f** es malo

Continúa.

7 8 9 10 11 12

g son pequeñas **h** están tristes **i** están contentas **j** son grandes **k** están contentos **l** son pequeños

Están bastante contentos

Parece que está contento

Están contentísimas

Está muy contenta

Aprende 26

ADJETIVOS

	singular	
masculino	*femenino*	
contento	contenta	*happy*
triste	triste	*sad*
fácil	fácil	*easy*

	plural	
masculino	*femenino*	
contentos	contentas	
tristes	tristes	
fáciles	fáciles	

F Elige

Elige la palabra justa y escribe el ejercicio en tu cuaderno.

(desobediente, fácil, pequeñas, caros, pilotos, difíciles)

1 Mis hermanos son _____.
2 El exámen de español es
   _____.
3 Los exámenes de matemáticas
   son _____.
4 Mi amigo es muy _____.
5 Los diamantes son muy
   _____.
6 Las llaves son muy _____.

G Oral/Escrito

¿Quiénes/quién?   (Tía Maribel, Isabel, Mariano Salinas, Carlos, las tías)

1 ¿Quién llama?
2 ¿Quién contesta el teléfono?
3 ¿Quién está sorprendida?
4 ¿Quién es la sobrina?
5 ¿Quién está en Zaragoza?
6 ¿Quién está en el hospital?
7 ¿Quién está mejor?
8 ¿Quiénes necesitan dinero?
9 ¿Quiénes van a Perú?
10 ¿Quiénes mandan dinero?
11 ¿Quién está arrepentida?
12 ¿Quiénes esperan buenas noticias?

Conversación con las tías

[Ring, ring]

Tía Maribel: ¿Diga?

Isabel: ¿Es el 28–42–37?

Tía Maribel: Sí, ¿quién es?

Isabel: Soy yo, Isabel, tu sobrina de Zaragoza.

Tía Maribel: ¡Isabel! ¡Qué sorpresa! ¿Cómo estáis todos?

Isabel: Bueno, regular. Escúchame tía.

Tía Maribel: No, no. ¡Escúchame tú! ¿Es verdad o no? ¿Estás en Francia con Eduardo el loco?

Isabel: No, tía, estoy en Zaragoza. Papá está enfermo en el hospital y . . . mamá está con sus padres en Perú . . . y yo estoy muy arrepentida. Quiero ir a Perú con Carlos, pero necesitamos dinero.

Tía Maribel: Ay, ¡Dios mío! ¡Qué juventud! Y mi hermano, tu padre, ¿cómo está? Y él ¿qué dice?

Isabel: Está mucho mejor, tía, y dice que sí, que somos una familia y que vivimos en España, no unos en Perú y otros aquí.

Tía Maribel: Bueno, bueno, mañana mandamos un cheque y esperamos buenas noticias pronto. Necesitáis reservar los vuelos inmediatamente. Adiós, querida . . . Muchos besos a papá y a Carlitos.

Cosas de Isabel

Mañana voy al banco por el dinero de las tías, voy por los billetes a la agencia de viajes, compro un mapa de Perú y busco los pasaportes. No sé dónde está el pasaporte de Carlos... Siempre ando con problemas.

Aquí sí está arrepentida

H Elige

Choose the right sentence from each line to tell the story of Isabel and her aunts.

Isabel habla con sus tías por teléfono./Las tías no tienen teléfono.
Tía Maribel está muy sorprendida./Tía Maribel está muy triste.
Piensa que Isabel está en Francia./Está muy contenta con Eduardo.
Está muy contenta con sus sobrinos./Está desesperada con sus sobrinos.
Decide mandar dinero para los vuelos./Decide no enviar dinero.

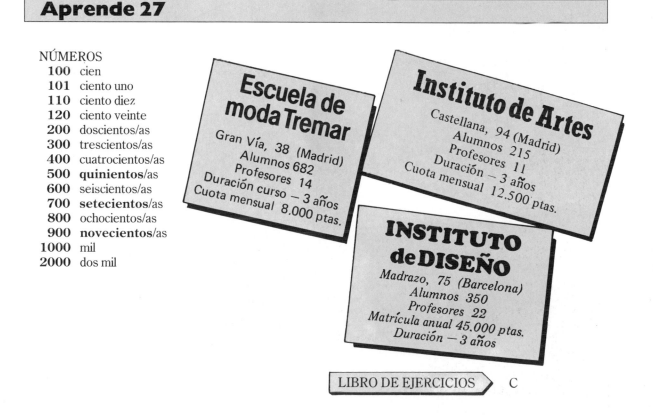

Aprende 27

NÚMEROS
100	cien
101	ciento uno
110	ciento diez
120	ciento veinte
200	doscientos/as
300	trescientos/as
400	cuatrocientos/as
500	**quinientos**/as
600	seiscientos/as
700	**setecientos**/as
800	ochocientos/as
900	**novecientos**/as
1000	mil
2000	dos mil

Escuela de moda Tremar
Gran Vía, 38 (Madrid)
Alumnos 682
Profesores 14
Duración curso — 3 años
Cuota mensual 8.000 ptas.

Instituto de Artes
Castellana, 94 (Madrid)
Alumnos 215
Profesores 11
Duración — 3 años
Cuota mensual 12.500 ptas.

INSTITUTO de DISEÑO
Madrazo, 75 (Barcelona)
Alumnos 350
Profesores 22
Matrícula anual 45.000 ptas.
Duración — 3 años

LIBRO DE EJERCICIOS › C

🔲 Diálogo en la agencia de viajes

Isabel: ¡Hola, buenos días!

Hombre: ¡Buenos días! ¿Qué deseas?

Isabel: ¿Cuánto cuesta un billete de Madrid a Lima?

Hombre: ¿Un billete de ida, o de ida y vuelta?

Isabel: De ida y vuelta. Salida de Madrid el sábado.

Hombre: Vamos a ver, Madrid–Lima, ida y vuelta, son ciento ochenta y seis mil pesetas (186.000).

Isabel: Es caro, muy caro.

Hombre: Sí, por un año es caro, pero por un mes es menos. Vamos a ver, son ciento veinticinco mil pesetas (125.000) por un mes.

Isabel: Bueno, quiero dos, uno para mí, y uno para mi hermano. Ida y vuelta por un mes.

Hombre: ¿Cuántos años tiene tu hermano?

Isabel: Tiene doce años.

Hombre: Ah, entonces, tú pagas el precio de adulto, y tu hermano paga el ochenta por ciento (80%).

Isabel: Muy bien, dos vuelos de ida y vuelta para el sábado, por favor.

Son más caros en agosto

Ya pronto con mi madre, ¡menos mal!

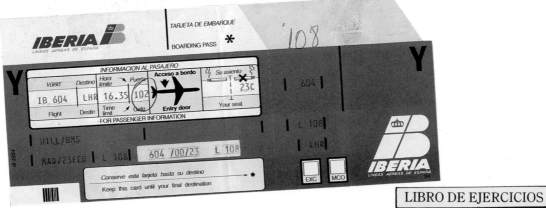

LIBRO DE EJERCICIOS ▶ D

Contesta las preguntas en español

1 ¿Con quién habla Isabel?
2 ¿Hay vuelos de Madrid a Lima los sábados?
3 ¿Dónde trabaja el hombre?
4 ¿Cuánto cuesta el billete de ida y vuelta por un año para adultos?
5 ¿Piensa Isabel que son caros o baratos?
6 ¿Pregunta el hombre la edad de Isabel?
7 ¿Para quién compra los vuelos Isabel?
8 ¿Desea Isabel billetes de ida o de ida y vuelta?
9 ¿Quién paga menos, Isabel o Carlos?
10 ¿Por qué decide el hombre que Carlos paga menos?
11 ¿Cuándo van a Lima?
12 ¿Qué descuento recibe Carlos?

J En la Estación de Ferrocarril

Isabel está comprando los billetes de tren de Zaragoza a Madrid.

Ordena las frases y escribe el diálogo. (Hablan *Isabel* y *Hombre*.)

1 —¿De ida o de ida y vuelta?
2 —Dos billetes de Zaragoza a Madrid, por favor.
3 —Muy bien, dos billetes de ida de Zaragoza a Madrid.
4 —Son dos mil seiscientas pesetas.
5 —¡Buenas tardes!
6 —¿Cuánto es?
7 —De ida, por favor.
8 —¡Buenas tardes! ¿Qué deseas?
9 —Dos mil seiscientas. Gracias. ¿A qué hora hay trenes?
10 —A las seis de la mañana y luego hay nueve más diariamente.
11 —Adiós y buen viaje.
12 —Muchas gracias, adiós.

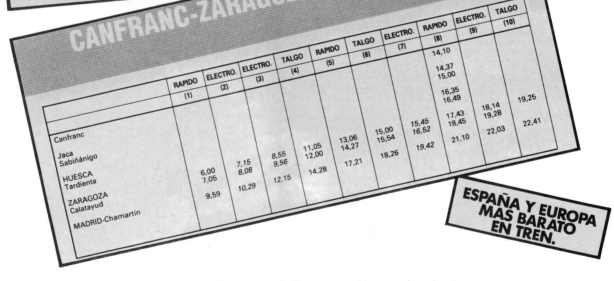

📼 Ahora escucha la conversación y corrige el orden.
Now listen to the conversation and correct your version.

K   Escribe

Escribe el diálogo en la taquilla de billetes de
autocares donde el Sr. Salinas está comprando un
billete de Madrid a Cuenca. (Hablan el *Sr. Salinas* y
Hombre.)

Use   **a**   precio = 1.560 pesetas.
   b   hay autocares cada tres horas
   c   hay autocares con aire acondicionado

> LIBRO DE EJERCICIOS   E & F

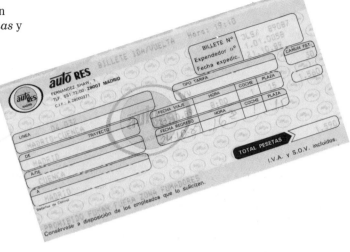

Aprende 28

	Singular		Plural	
	masculino	*femenino*	*masculino*	*femenino*
Recuerda				
	content**o**	content**a**	content**os**	content**as**
	trist**e**	trist**e**	trist**es**	trist**es**
	fácil	fácil	fácil**es**	fácil**es**
Pero				
	español	español**a**	español**es**	español**as**
	inglés	ingles**a**	ingles**es**	ingles**as**
	peruano	peruan**a**	peruan**os**	peruan**as**

¡Mira, un escocés!   ¡Qué va! ¡Una escocesa!

Don Idiota

Madrid moderno

Madrid antiguo

PAÍS	CAPITAL	IDIOMA	HABITANTES
España	Madrid	(el) español	español -a -es -as
Italia	Roma	(el) italiano	italiano -a -os -as
Egipto	El Cairo	(el) árabe	egipcio -a -os -as
Inglaterra	Londres	(el) inglés	inglés -a -es -as (sin acento)
Argentina	Buenos Aires	(el) español	argentino -a -os -as
Francia	París	(el) francés	francés -a -es -as (sin acento)
Los Estados Unidos	Washington	(el) inglés	estadounidense -e -es -es
Méjico	Ciudad de Méjico	(el) español	mejicano -a -os -as
Venezuela	Caracas	(el) español	venezolano -a -os -as
Chile	Santiago	(el) español	chileno -a -os -as
Bélgica	Bruselas	(el) francés	belga -a -as -as
		(el) flamenco	
La Unión Soviética/Rusia	Moscú	(el) ruso	ruso -a -os -as
			soviético -a -os -as

Puerta de Alcalá, Madrid

EL PARLAMENTO EUROPEO

B	DK	D	GR	E	F	IRL	I	L	NL	P	GB
B	D	A	G	E	F	I	I	L	P	P	G
E	I	L	R	S	R	R	T	U	A	O	R
L	N	E	E	P	A	L	A	X	I	R	A
G	A	M	C	A	N	A	L	E	S	T	N
I	M	A	I	Ñ	C	N	I	M	E	U	
C	A	N	A	A	I	D	A	B	S	G	B
A	R	I	A		A	A		U	B	A	R
	C	C			A	A		R	A	L	E
	A	A						G	J		T
								O	O		A
									S		Ñ
											A

L Oral/Escrito

Contesta las preguntas.

1 ¿Que idioma hablan en Venezuela?
2 ¿Cuál es la capital de Francia?
3 ¿Qué idioma hablan los egipcios?
4 ¿En qué país hablan italiano?
5 ¿Dónde hablan ruso?
6 ¿Qué idiomas hablan los belgas?
7 ¿Qué ciudad es la capital de Los Estados Unidos? (EE.UU.)
8 ¿Qué idioma hablan los españoles, los argentinos y los mejicanos?
9 ¿Cuál es la capital de Chile? Santiago
10 ¿Qué idioma hablan en los Estados Unidos?

C.E.E. Idiomas
Inicia el curso el 3 de Octubre
• Inglés
• Francés
• Alemán
• Español PARA EXTRANJEROS
CLASE DIARIA 3.200 PTAS. MES

ORAL

Mira el dibujo y contesta.

a ¿Dónde está el chico?
¿Es peruano?
¿Está contento?

b ¿La chica está en Francia?
¿Está contenta?
¿Es inglesa?

c ¿El hombre está en Australia?
¿Es español?
¿Qué está haciendo?

d ¿La señora es española?
¿Está en Sudamérica?
¿Está pintando?

Imagina que tú eres la persona en los dibujos y contesta estas preguntas.

a ¿Dónde estás?
¿Eres peruano?
¿Estás contento?

b ¿Estás en Francia?
¿Estás contenta?
¿Eres francesa?

c ¿Estás en Australia?
¿Eres australiano?
¿Estás cantando?

d ¿Eres española?
¿Estás en España?
¿Estás pintando?

LIBRO DE EJERCICIOS ⟩ G & H

Aprende 29

MÁS ADJETIVOS

ligero/a   pesado/a

ancho/a   estrecho/a

largo/a   corto/a

feo/a   guapo/a

rico/a   pobre

fuerte   débil

lento/a   rápido/a

alto/a   bajo/a

Soy guap**o**, fuer**t**e y alt**o**.

Soy guap**a**, fuer**t**e y alt**a**.   *. . . pero estoy sentada*

M Oral/Escrito

Elige un adjetivo de la lista de Aprende 29.

1 La caja es muy _____.

2 Los toros son muy _____.

3 El monstruo es muy _____.

4 La habitación es muy _____.

5 La tortuga es muy _____.

6 El gigante es muy _____.

7 Los Salinas no son _____.

8 La carrera es muy _____.

La Corrida

*Carrera cuesta arriba
en Mijas, Andalucía*

*Las fiestas del pueblo. Es
una vaquilla, no un toro*

N Utiliza la lista de adjetivos en
Aprende 29 y describe los dibujos

1   La calle

2   Los galgos

3   Carlos

4   El mendigo

5   Las sillas

6   La cuerda

7   Los boxeadores

8   La caja

> LIBRO DE EJERCICIOS   I

Una calle estrecha en un pueblo andaluz

☺ Entrevista

Manuel Ibañez de Radio Juventud:	Buenas tardes, señores oyentes. Aquí Radio Juventud de Puerto Rico. Hablamos con Steve Ríos de Nueva York, un joven de 16 años con una memoria extraordinaria.
Manuel:	¿Cómo te llamas?
Steve:	Me llamo Steve Ríos, pero en casa de mis abuelos puertorriqueños, soy Esteban.
Manuel:	¿Cuántos años tienes?
Steve:	Tengo 16 años, en julio, 17.
Manuel:	¿Dónde vives?
Steve:	Vivo en un apartamento, en Queens, en Nueva York.
Manuel:	¿Y tu familia?
Steve:	Pues, vivo con mis padres y mi hermano mayor. Bueno, mi hermano tiene 20 años y ahora está viajando por América del Sur.
Manuel:	¿Y tus abuelos?
Steve:	Mis abuelos viven muy cerca, en la misma calle.
Manuel:	Hablas español muy bien . . .

Steve:	No, muy bien, no. Bueno, bastante bien. Mis abuelos son de Puerto Rico y siempre hablan español. Mi padre también habla español, pero mi madre es de Chicago, y en casa hablamos inglés.
Manuel:	Steve, eres famoso. ¿Por qué?
Steve:	Tengo memoria fotográfica. Nunca olvido nada.
Manuel:	¿Y qué estudias?
Steve:	Me gustan las matemáticas, los idiomas, las guías telefónicas y los cumpleaños de los mil chicos de mi colegio.
Manuel:	Y, el 6 de febrero, «Young Brain of America», ¿un día importante para Steve Ríos?
Steve:	No, el 6 de febrero no, el 5 de febrero. Sí, un día fenomenal.
Manuel:	Steve Ríos, joven, simpático e inteligente. ¡Gracias y buena suerte!

◉ Completa las frases en tu cuaderno

Steve dice:

1 Mis abuelos son . . .
2 En julio tengo diecisiete . . .
3 Vivo en un . . .
4 Mi hermano está en . . .
5 La casa de mis abuelos está . . . de mi apartamento.
6 Mi madre es de Chicago y no habla . . .
7 Soy famoso porque tengo memoria . . .
8 En mi . . . hay mil chicos.
9 . . . el «Young Brain of America».
10 Me . . . las entrevistas.

El salón de la casa de mis abuelos

La cocina

La entrada, adornada en Navidades

P Oral/Escrito

¡Aquí están las respuestas! ¿Cuáles son las preguntas?

1 ¿	?	Me llamo Steve.
2 ¿	?	No, no tengo 17 años. Tengo 16.
3 ¿	?	En un apartamento en Queens.
4 ¿	?	Sí, vivo con mis padres.
5 ¿	?	No, mi hermano no está en Nueva York.
6 ¿	?	Sí, hablo español.
7 ¿	?	No, mi madre no es de Puerto Rico.
8 ¿	?	No, no hablo español con mi madre.
9 ¿	?	Soy famoso porque tengo memoria fotográfica.
10 ¿	?	Sí, me gustan los idiomas.

(más difíciles)

11 ¿	?	Mil.
12 ¿	?	Sí, soy el «Young Brain of America».
13 ¿	?	No, no me gustan las entrevistas.
14 ¿	?	Sí, soy bastante inteligente.
15 ¿	?	No, no olvido los cumpleaños de mis amigos.

Steve Ríos, medio estadounidense medio puertorriqueño, el 'Young Brain of America'

Q Lee

Steve: ¿Qué es esto?

María: Es una postal de la Giralda.

Steve: Ah, sí, sí. Es muy famosa. ¿Dónde está la Giralda, María?

María: Está en Sevilla. Sevilla es una ciudad fenomenal. Allí hay también una catedral muy famosa. También hay parques, bares y restaurantes. Me gusta mucho Sevilla.

Steve: Allí hace muy buen tiempo, ¿verdad? Quiero pasar las vacaciones en Sevilla.

Elige las frases verdaderas.

Steve dice:

1 **a** La Giralda es muy famosa.   **b** María es muy famosa.
2 **a** Hace buen tiempo en Sevilla.   **b** Hace mal tiempo en Sevilla.
3 **a** Quiero las vacaciones con María.   **b** Quiero pasar las vacaciones en España.

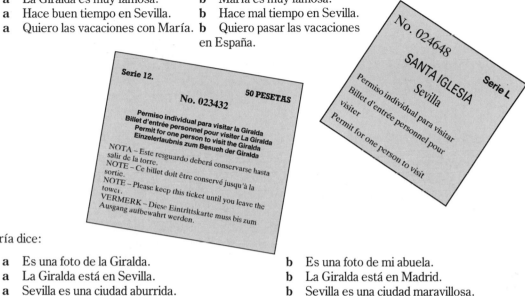

Serie 12.

No. 023432   50 PESETAS

Permiso individual para visitar la Giralda
Billet d'entrée personnel pour visiter La Giralda
Permit for one person to visit the Giralda
Einzeleriaubnis zum Besuch der Giralda

NOTA – Este resguardo deberá conservarse hasta salir de la torre.
NOTE – Ce billet doit être conservé jusqu'à la sortie.
NOTE – Please keep this ticket until you leave the tower.
VERMERK – Diese Eintrittskarte muss bis zum Ausgang aufbewahrt werden.

No. 024648   Serie L

SANTA IGLESIA
Sevilla

Permiso individual para visitar
Billet d'entrée personnel pour visiter
Permit for one person to visit

María dice:

4 **a** Es una foto de la Giralda.   **b** Es una foto de mi abuela.
5 **a** La Giralda está en Sevilla.   **b** La Giralda está en Madrid.
6 **a** Sevilla es una ciudad aburrida.   **b** Sevilla es una ciudad maravillosa.
7 **a** No hay parques en Sevilla.   **b** Hay parques en Sevilla.
8 **a** No me gusta Sevilla.   **b** Sevilla no es una ciudad aburrida.

ROMPECABEZAS

Busca.

1 La capital de China.
2 Los habitantes de Buenos Aires.
3 Una chica de Caracas.
4 Una persona de Ottawa.
5 Una chica de Bogotá.
6 De Colombia a Argentina.
7 La capital de Polonia.
8 Los habitantes de Alemania.
9 El idioma de Copenhague.
10 País en isla europea.
11 Capital griega.
12 País donde hablan francés y alemán.
13 Capital francesa.

```
P E K I N     I     C               S     V A R S O V I A
A             N     A O             U     E             R
R             G       L             D     N             G
I             L         O           A     E             E
S U I Z A     A         D       M   M     Z             N
        T     A         I     B     E     O             T
        E     T         E   I       R     L             I
        N     R           A         I     A             N
        A     R             N C      N                  O
D A N E S     A         E           A     A L E M A N E S
```

8

Capítulo Ocho

Hotel de lujo en Latinoamérica

⊡ **Mientras tanto en Perú**

Remedios Salinas llega a Carmona a las once de la noche despúes de un viaje muy largo. Primero en avión de Madrid a Lima, donde pasa una noche en un hotel barato en el centro de la capital, y luego en tren de Lima a Carmona.

Paisaje latinoamericano

¡Dios mío, mi casa, mis padres!

Una vez en Carmona va inmediatamente a la casa de sus padres. Llama a la puerta y nadie contesta. La casa está abandonada.

No hay cristales en las ventanas. La puerta de atrás está abierta. El timbre no funciona y las habitaciones están llenas de telarañas. Hace mucho viento y no hay nadie por las calles. Carmona es un pueblo fantasma . . . sus casas derrumbadas, sus calles desiertas.

De pronto un hombre llega a la casa con un burro. Lleva la cara tapada con una bufanda negra y habla con voz muy ronca.

Esto es un pueblo fantasma, aquí no vive nadie

El hombre:	Buenos días, Remedios.
Remedios Salinas:	Buenas noches . . . .
[muy asustada]	Hace muy mal tiempo . . . .
	¿Dónde está mi familia?
El hombre:	Tu familia, tus padres, cerca, muy cerca, vamos, vamos pronto.
Remedios:	Mis padres, ¿están bien?
El hombre:	Sí, muy bien, están muy bien. Hablas demasiado. Vamos. El burro lleva las maletas.

Andan despacio, sin hablar, y llegan a la entrada de un bosque.

—¿Qué pasa? ¿Adónde vamos? —grita Remedios.
El hombre no contesta.

> LIBRO DE EJERCICIOS   A

A   Contesta las preguntas

1 ¿Adónde llega la Sra. de Salinas a las once?
2 ¿Cómo va de España a Perú?
3 ¿Pasa la noche en Lima en un hotel caro?
4 ¿Quién contesta a la puerta de la casa de sus padres?
5 ¿Cómo está la casa?
6 ¿Qué tiempo hace?
7 ¿Hay mucha gente en Carmona?
8 ¿Qué hay en las habitaciones?
9 ¿Está Remedios Salinas tranquila?
10 ¿Por qué entra el viento por las ventanas?
11 ¿Qué dice el hombre cuando la Sra. de Salinas habla?
12 ¿Adónde van con el burro?

Hostal Residencia
* * *
Las Sirenas

Habitaciones con baño y teléfono
Aire acondicionado
Sobria decoración
SITUADO EN EL CENTRO DE LA CIUDAD

c/. Juan Bravo, n.º 30
40001 - SEGOVIA

Teléf. (911) 43 40 11 (3 líneas)

Cosas de Isabel

At least

Por lo menos mi madre ahora está
con los abuelos en Perú y ahora vamos
Carlos y yo. Y gracias a Dios mi padre
está ya en casa y mucho mejor.

. . . y este hotel en la costa de Granada

B Contesta

Contesta estas preguntas *locas*.

1 ¿Hay telarañas en tu casa?
2 ¿Hay cristales en las ventanas de tu habitación?
3 ¿Tu colegio está derrumbado?
4 ¿En tu casa hay timbre?
5 Cuando llamas a la puerta de tu casa, ¿quién contesta normalmente?
6 ¿Hablas con voz ronca?
7 ¿Te gustan las bufandas?
8 ¿Hablas demasiado?

Ahora contesta estas preguntas *menos locas*.

9 ¿Está limpia tu casa?
10 ¿Es fría tu casa?
11 ¿Es moderna o antigua tu casa?
12 ¿Tiene tu casa portero automático?
13 ¿Tienes llaves de casa?
14 ¿Pronuncias español con acento inglés?
15 ¿Hablas bastante español en clase?
16 ¿Hay mucha gente en tu pueblo?

C Oral/Escrito

Elige los adjetivos correctos y escribe las frases completas en tu cuaderno.

1 Mi casa no está (abandonado/abandonadas/abandonada).
2 La puerta de mi habitación siempre está (abierto/cerrado/abierta).
3 Mis abuelos están muy (asustada/asustados/asustado) porque hay tormenta.
4 El niño está (tapada/tapado/tapados) con una manta.
5 En diciembre los parques están (desiertas/desiertos/desierto).
6 Mi padre está muy (ronca/ronco/roncos) hoy.

Pero las montañas no están desiertas, porque hay muchos esquiadores

Aprende 30

NADIE NUNCA NADA

No habla **nadie**   o   **Nadie** habla.
No voy **nunca**   o   **Nunca** voy.

a **Nadie** and **Nunca** may be placed either

  1 before the verb, or
  2 after the verb using **No** before the verb.

  Nadie va – No va nadie No-one goes.
  Nunca va – No va nunca He never goes.

Pero   **No** compran **nada**.
        No permite **nada**.

b You may only use **nada** with **no** *a negative* before the verb.

  No tengo nada I have nothing.

LIBRO DE EJERCICIOS   B & C

D Completa con **nada, nadie, nunca**

1 Como no tienen coche, no van _____ al campo.

2 _____ compr**an** en el supermercado porque todo es muy caro.

3 _____ compr**a** en el supermercado porque todo es muy caro.

4 No va _____ al estadio cuando hace mal tiempo.

5 No vive _____ en la casa porque está abandonada.

6 Cuando su padre está en la taquilla no pagan _____ por entrar.

7 Las tías son muy ricas pero _____ mandan _____.

8 No abren los domingos porque no venden _____.

9 En mi clase _____ odia el fútbol.

10 Isabel no dice _____ cuando Calos está en la habitación.

Estos dos sí tienen coche y van al campo

Carmona. Aquí no vive nadie

E   Empareja las expresiones y completa las frases 1-10 con a-j

Historia de los Salinas

1   La madre va a Perú
2   Carlos llora mucho en el aeropuerto
3   Remedios Salinas está muy cansada
4   Hace mucho frío en la casa
5   Isabel compra los vuelos
6   El burro no dice nada
7   Carmona es un pueblo fantasma
8   El vuelo es muy largo
9   Isabel es buena ahora con su padre
10 Eduardo es muy desobediente

a   porque está muy arrepentida.
b   porque nadie vive allí.
c   porque no hay cristales en las ventanas.
d   porque va a Francia sin permiso de sus padres.
e   porque el viaje es muy largo.
f   porque no está contento.
g   porque los hijos son muy difíciles.
h   porque las tías mandan el dinero.
i   porque los animales no hablan.
j   porque Perú está lejos de España.

Aprende 31

en tren

en avión/por avión

en coche

a pie/andando

en taxi

en autobús (autocar)

en metro

en moto

en bicicleta

en ambulancia

en autocar

en barco/por barco

en aerodeslizador

en cohete

F   Contesta las preguntas

Ejemplo ¿Cómo **va** el Sr. Salinas al hospital? – **Va en ambulancia.**

1   ¿Cómo **van** los astronautas a la luna?

en cohete

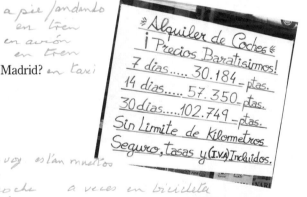

2   ¿Cómo **va** Carlos de la cocina a su habitación?   *a pie /andando*
3   ¿Cómo va la Sra. de Salinas de Lima a Carmona?   *en tren*
4   ¿Cómo van Isabel y Carlos de Madrid a Lima?   *en avión*
5   ¿Cómo van Carlos e Isabel de Zaragoza a Madrid?   *en tren*
6   ¿Cómo van Carlos e Isabel de Barajas al centro de Madrid?   *en taxi*

¡Alquiler de Coches!
¡Precios Baratísimos!
7 días..... 30.184 ptas.
14 días..... 57.350 ptas.
30 días.....102.749 ptas.
Sin Límite de Kilómetros
Seguro, tasas y (I.V.A) Incluidos.

¡Recuerda!

¿Cómo vas? – Voy . . . . ¿Cómo viajas? – Viajo . . . .

7   ¿Cómo vas al colegio?   *en coche*
8   ¿Cómo vas de tu casa a casa de tus abuelos?   *no voy están muertos*
9   ¿Cómo vas del cine a tu casa?   *en coche*
10 ¿Cómo vas al centro de tu pueblo/ciudad?   *en coche   a veces en bicicleta*
11 ¿Cómo viajas de tu país a Méjico?   *en avión*
12 ¿Cómo cruzas la calle?   *a pie.*
13 ¿Cómo cruzas el Atlántico cuando hay huelga de pilotos?   *por barco*
14 En tu familia ¿quién tiene bicicleta?   *yo y mi mujer*
15 ¿Cuándo vas en taxi?   *cuando estoy embriagado/Borracho*
16 ¿Tiene motocicleta tu profesor/a de español?   *no sé no*
17 ¿Hay metro en tu pueblo/ciudad?   *no*
18 ¿Viajas mucho en aerodeslizador?   *no.*
19 ¿Quiénes viajan en cohete?   *los astronautas*
20 ¿Tienes carnet de conducir?   *sí*

JUEVES O DIAS
DE MERCADO
DE 8 H. A 15 H.

LIBRO DE EJERCICIOS   D, E, F, G

ORAL

Con tu compañero/a.

En la juguetería.

¿Cuánto cuesta la ambulancia?
¿Cuánto cuesta el cohete?
¿Cuánto cuesta el coche?
¿Cuánto cuesta el tren?
¿Cuánto cuesta el autobús?
¿Cuánto cuesta el taxi?
¿Cuánto cuesta el avión?
¿Cuánto cuesta el barco?
¿Cuánto cuesta el aerodeslizador?
¿Cuánto cuesta la bicicleta?
¿Qué cuesta 2.200 pesetas?
¿Qué cuesta catorce mil pesetas?

G Oral/Escrito

Describe los dibujos con las expresiones y frases sugeridas.

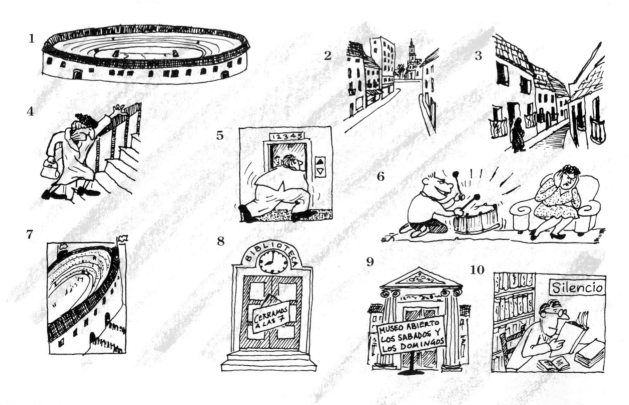

a ¡Ya no puedo más!
b El ascensor es muy pequeño.
c Las calles están desiertas.
d El museo no está cerrado los fines de semana.
e No hay nadie en el estadio.
f No permiten ruido en la biblioteca.
g El ascensor no funciona.
h La calle es muy estrecha.
i El estadio está muy lleno.
j La biblioteca no está abierta.

Estadio del Real Madrid, no del Atlético

Aprende 32

LOS COLORES

rojo -a -os -as

amarillo -a -os -as

blanco -a -os -as

negro -a -os -as

Pero

rosa -a -a -a

verde -e -es -es

azul -azul -es -es

gris -gris -es -es

marrón marrón marrones marrones

naranja -a -a -a

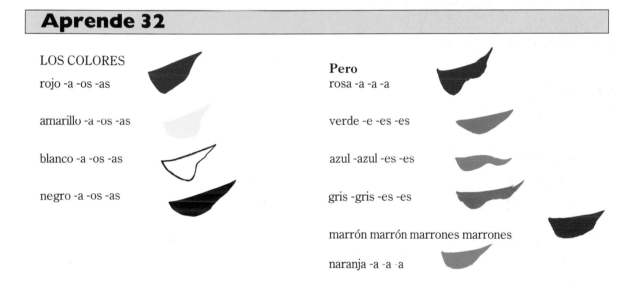

H Elige el adjetivo adecuado

1 La puerta de mi casa es (rojas/rojo/roja).
2 En Nueva York los taxis son (amarillas/amarillos/amarillo).
3 No me gustan las bufandas (verdes/verde/rojos).
4 Las maletas de la Sra. de Salinas son (marrón/marrones/negros).
5 Los cuadernos de inglés son (blanca/azules/azul).
6 El sombrero de mi madre es (grises/negra/blanco).
7 ¿Te gusta el vino tinto? No, me gusta el vino (blanco/blanca/negro).
8 Mi primo tiene un coche (rosa/amarilla/grises).
9 La bicicleta de mi hermano es (amarillo/naranja/negro).
10 Tengo una motocicleta (blanco/azul/verdes).

Aprende 33

LA ROPA   *Clothing*

el jersey/el pulóver)
el suéter

los pantalones

la camisa/la blusa

la falda

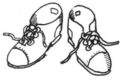

los zapatos

el abrigo

la chaqueta

la cazadora

los calcetines

la camiseta

la corbata

las botas

el traje — suit

Zapatos en el Kilómetro O de Madrid

Lleva cazadora vaquera

Y aquí lleva vestido largo

LA GANGA BRAVO MURILLO Nº 202
PRIMER PISO.

¡¡ ÚLTIMAS REBAJAS !!

CAMISETAS CON DIBUJOS DESDE 495 PTS
CONJUNTOS ESTAMPADOS DE VERANO DESDE 2.990 PTS.
CAMISAS DE PALMERAS, UNA 1.995 PTS., DOS 3.600 PTS.
CHAQUETAS Y JERSEYS DE ALGODÓN DESDE 1.995 PTS.
CAMISAS DE MANGA CORTA, UNA 1.795PTS., DOS 2.995PTS.

¡¡ TENEMOS VAQUEROS DE TODAS LAS MARCAS !!

UTILICE LA PAPELERA POR FAVOR
SUBE A VERNOS. ABRIMOS SÁBADOS

1 *Why should you go sooner rather than later?*
2 *What season of the year is it?*

Levi's **TIENDA VAQUERA** Lee
Wrangler **Levi's** jesus

VAQUERO por:
1.700
Te regalamos, una
fantástica **CAMISETA**

Tenemos los precios más baratos de Madrid
VEN A COMPROBARLO
MONTERA, 34 – 2.º piso

1 *What must you buy to receive a present?*
2 *What is this present?*
3 *What other reason would encourage you to shop there?*

¿De qué color es/son?

Ejemplo — ¿De qué color es **la camisa** de Miguel?
— Es roja y blanca.

1 ¿De qué color es **la** falda de tu profesora?
2 ¿De qué color son **los** pantalones de tu profesor/a?
3 ¿De qué color es **la** puerta de tu casa/apartamento?
4 ¿De qué color es **la** puerta de la clase?
5 ¿De qué color son tus **zapatos**?
6 ¿De qué color son tus **calcetines**?
7 ¿De qué color es **el** coche de tu profesor/a?
8 ¿De qué color son **los** autobuses en tu ciudad/pueblo?
9 ¿De qué color son **los** taxis en tu ciudad/pueblo?
10 ¿De qué color te gustan **las** camisas/**las** blusas?

El Ladrón Elegante

Tenemos un ladrón elegante en nuestro pueblo. El lunes entra en el Ayuntamento con traje, camisa blanca y corbata y sale con su ropa y dos millones de pesetas más. Por la tarde lleva su reloj de plata a una joyería para venderlo y sale con dos relojes de oro. Pero gracias a la policia municipal el martes por la mañana está en las celdas de la comisaría, mucho menos elegante.

J   Lee

Hoy Javier lleva pantalones verdes, camisa roja y negra, un sombrero blanco, calcetines blancos y zapatos negros. No lleva ni jersey, ni abrigo, ni corbata.

¿Qué llevas tú? Comienza: **Hoy llevo . . .**

El Guardarropa de María

María es una chica ecuatoriana que está estudiando inglés en Londres. Su pasatiempo preferido es comprar ropa. Sus padres mandan dinero para libros pero María gasta casi todo el dinero en ropa. Vive en un apartamento con dos chicas más: una estadounidense y otra ecuatoriana. María tiene en su habitación un guardarropa enorme que está lleno de ropa y de zapatos.

Pulóver rojo

Hay unas veinte blusas de todos los colores y muchas son de seda. Tiene muchas camisetas y pulóveres. Hay chaquetas, abrigos, impermeables y tres paraguas. Su color preferido es el rojo. Tiene muchos pantalones rojos, "jeans" o vaqueros azules o verdes, y más de veinticinco pares de zapatos, de tacón alto, sin tacón, zapatillas y zapatos de tenis. Hay también una infinidad de medias, de pañuelos y de ropa interior.

Otro jersey rojo

Abrigo negro y rojo

En la estantería hay dos libros: «Inglés en un mes» y «Los Jóvenes y la Moda». La verdad es que María quiere abrir una tienda de modas en Quito con su hermano y está buscando ideas nuevas.

Toda de rojo y ropa vaquera   *Seguramente lleva falda roja . . .*

K Oral/Escrito

Decide si las siguientes frases son **verdaderas,
falsas** o **probables**.

1 María compra mucha ropa.
2 María vive con tres chicas.
3 Cuando hace mal tiempo necesita impermeable y
   paraguas.
4 Su color preferido es el azul.
5 Solamente tiene veinte pares de zapatos.
6 Tiene muchos pañuelos verdes.
7 Piensa que el inglés es más importante que la
   moda.
8 Su guardarropa no está muy lleno de ropa.
9 Compra muchas corbatas.
10 Siempre lleva pantalones.

ORAL

Contesta.

Confecciones La Ideal

¿Qué ropa hay en el escaparate?
¿Qué hay al lado de los calcetines?
¿Cuánto cuesta la falda?
¿Cuánto cuestan las botas?
¿Cuánto cuesta la corbata?

**Estas son las contestaciones.
¿Cuáles son las preguntas?**

Cuesta mil novecientas pesetas.
Cuesta cuatro mil quinientas
pesetas.
Cuestan trescientas noventa
pesetas.

LIBRO DE EJERCICIOS   H, I, J

Aprende 34a

MÁS DE . . .
more than (with numbers)
MENOS DE . . .
less than (with numbers)

Ejemplos

Hay más de **mil** personas.   *There are more than 1,000 people.*
Son más de las **dos**.   *It is past two o'clock.*
Cuesta menos de **cien** libras.   *It costs less than £100.*
Son menos de **700 kilómetros** de Madrid a Barcelona.   *It is less than 700 kilometres from Madrid to Barcelona.*

MÁS QUE . . .
more than (when not using numbers)
MENOS QUE . . .
less than (when not using numbers)

Ejemplos

Come más que su padre.   *She eats more than her father.*
Bebe menos que su novia.   *He drinks less than his girlfriend.*

or

MÁS . . . QUE   MENOS . . . QUE

Ejemplos

Tiene **más** dinero **que** David.   *He has more money than David.*
Hay **menos** chicas **que** chicos en mi instituto.   *There are fewer girls than boys in my school.*

Cosas de Isabel

Ahora creo que Eduardo no es muy buena persona. Yo tengo más problemas que él. Yo estoy cuatro días en casa porque mi padre está enfermo, y él no me llama. Es muy egoísta.
Y como yo estoy en casa él llama a mi amiga Pilar y van al teatro o al cine. ¡Ahora no tengo ni novio ni amiga!

Aprende 34b

MÁS ALTO/A **QUE**   *taller than*
MENOS INTELIGENTE **QUE**   *less intelligent than*

Ejemplos

Es **menos** inteligente **que** su amiga.   *She is less intelligent than her friend./She is not as intelligent as her friend.*
Es **más** alto **que** su amigo.   *He is taller than his friend.*

L Une y completa las frases

1   En la clase de español
2   Las tías tienen
3   El viaje a Perú cuesta
4   María tiene
5   No hay nadie en el colegio
6   La Sra. de Salinas está
7   El estadio está lleno
8   Hay más de seiscientos kilómetros
9   En el guardarropa de María
10 Hay menos habitantes en Los Estados Unidos

a   entre Madrid y Barcelona.
b   más blusas verdes que amarillas.
c   hay más zapatos de tacón alto que sin tacón.
d   somos más de veinte.
e   menos de mil dólares.
f   porque son menos de las nueve.
g   más dinero que Carlos e Isabel.
h   hay más de veinte mil personas.
i   que en la Unión Soviética.
j   más enfadada con Isabel que con Carlos.

> Temperaturas más altas en Bilbao que en Málaga

> Robo de más de cien millones de pesetas en Oviedo

> Agosto: más gente fuera de Madrid que en la capital

> Anoche menos de treinta mil espectadores en el Santiago Bernabeu

M Contesta la preguntas en español

1   ¿Te gusta el café más que el té?
2   ¿Hay más chicos que chicas en tu clase?
3   ¿Son más de las diez?
4   ¿Tienes más de quince años?
5   ¿Eres más alto/a que tu profesor/a?
6   ¿Hay más habitantes en tu país que en Rusia?
7   ¿Hay más de seis personas en tu familia?
8   ¿Sois más de veinticinco en la clase?
9   ¿Hablas más que tu profesor/a?
10 ¿Qué cuesta más, una bicicleta o una moto?

ROMPECABEZAS

Cumpleaños de Silvia, y no del niño

4 Ordena las letras y forma palabras.
yejrse, tnpaolasne, taabrco, ladaf, aemcaist, imacas, pataszo, sabot, seitccalen, girboa.

1 El cumpleaños de Ignacio
Para el cumpleaños de Ignacio hay muchos niños en su casa. En la cocina hay ocho; en el cuarto de baño cuatro menos que en la cocina; en el jardín dos más que en la cocina. Ignacio está con tres niños.
a ¿Cuántos niños hay en la fiesta de cumpleaños?
b ¿Dónde está Ignacio?

2 Este número tiene cinco letras. Es menos del número de meses. Es más de los días de la semana. Es el próximo capítulo. ¿Cuál es?

3 A las once Pedro va de su casa al museo en bicicleta y llega en cuarenta minutos. A las once y cuarto su madre va en autobús y llega en veinte minutos. A las once y media su padre va en coche y llega en once minutos.
a ¿Quién llega primero?
b ¿A qué hora llega Pedro?
c ¿Cuánto tiempo espera la madre al padre?

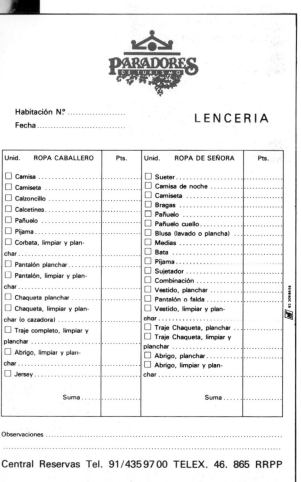

PARADORES DE TURISMO

Habitación Nº ....
Fecha ....

LENCERIA

Unid.	ROPA CABALLERO	Pts.	Unid.	ROPA DE SEÑORA	Pts.
☐	Camisa		☐	Sueter	
☐	Camiseta		☐	Camisa de noche	
☐	Calzoncillo		☐	Camiseta	
☐	Calcetines		☐	Bragas	
☐	Pañuelo		☐	Pañuelo	
☐	Pijama		☐	Pañuelo cuello	
☐	Corbata, limpiar y planchar		☐	Blusa (lavado o plancha) ..	
☐	Pantalón planchar		☐	Medias	
☐	Pantalón, limpiar y planchar		☐	Bata	
			☐	Pijama	
☐	Chaqueta planchar		☐	Sujetador	
☐	Chaqueta, limpiar y planchar (o cazadora)		☐	Combinación	
☐	Traje completo, limpiar y planchar		☐	Vestido, planchar	
			☐	Pantalón o falda	
			☐	Vestido, limpiar y planchar	
☐	Abrigo, limpiar y planchar		☐	Traje Chaqueta, planchar ..	
☐	Jersey		☐	Traje Chaqueta, limpiar y planchar	
			☐	Abrigo, planchar	
			☐	Abrigo, limpiar y planchar	
	Suma			Suma	

Observaciones ....

Central Reservas Tel. 91/435 97 00 TELEX. 46. 865 RRPP

9

Capítulo Nueve

BOUTIQUE LIBRE
DE IMPUESTOS

☹ Un vuelo difícil

Aunque Carlos vende su tocadiscos y todos sus discos, e Isabel vende el anillo de oro, regalo de Eduardo, no tienen bastante para los billetes de avión. Pero con la ayuda de sus tías reúnen el dinero para el viaje.

El vuelo Aero-Perú 197 despega de Madrid a las once y cuarto de la mañana y pronto llegan las azafatas con el menú.

Carlos e Isabel leen el menú pero no comprenden nada.

Carlos: Isabel, ¿los peruanos escriben en español?

Isabel: Sí, el menú está en español pero la verdad es que no comprendo nada.

Carlos: ¡A ver! ¿Qué hay?

Isabel: Pues, para beber, chicha o chicha morada y para comer, salchipapas, anticuchos, ceviche y picarones.

Llega la azafata.

Isabel: ¿Esto qué es? ¿Quién come esto?

La azafata: Es comida típica de Perú. La chicha es una bebida de trigo y la chicha morada, de maíz. Salchipapas son salchichas con patatas fritas y picante.
Los anticuchos son pinchos de carne y ceviche es pescado en salsa. De postre, tenemos picarones, como los churros en España, más o menos.

Isabel: Sí, más o menos, claro. Muchas gracias. No como nada.

Carlos: Para mí, un vaso de agua y . . . pan.

Tres horas más tarde.

Isabel: Ay, Carlos ¡qué hambre tengo!

Carlos: ¡Calla! Yo también tengo hambre y tengo sed, y tengo frío y tengo dolor de cabeza y tengo sueño . . . .

LIBRO DE EJERCICIOS   A

A ¿Quién dice? ¿Quién piensa? ¿Quiénes dicen? ¿Quiénes piensan?

Elige: Carlos, la azafata o Isabel.

1 «Mi anillo de oro es un regalo de Eduardo.» *Isabel*
2 «No tengo tocadiscos.» *Carlos*
3 «No comprendemos el menú.» *1 + C*
4 «No me gusta la comida peruana.» *Isabel / Carlos*
5 «Quiero pan.» *Carlos*
6 «La comida peruana es muy buena.» *La azafata*
7 «Estoy muy cansado.» *Carlos*
8 «La chica y su hermano no comen.» *la azafata*
9 «Estoy explicando el menú.» *la azafata*
10 «Estoy un poco enfermo.» *Carlos*

Prefiero la comida mejicana

. . . y nosotros una paella valenciana

Aprende 35

TENER

☺   tengo

→☺   tienes

[👫]   tiene

☺☺   tenemos

→☺☺   tenéis

[👫🌲]   tienen

tiene hambre

tiene calor

tiene sed

tiene sueño

tiene frío

tiene miedo

B   Completa las frases

Completa las frases en tu cuaderno con la ayuda de Aprende 35.

1   Llevo abrigo porque tengo _frío_.
2   Cuando tengo _sed_ bebo un litro de agua fría.
3   Si no tengo _hambre_, no como.
4   A las once de la noche siempre tengo _sueño_.
5   No llevo abrigo porque tengo _calor_.
6   No voy al parque de noche porque tengo _miedo_ de los ladrones.

Cosas de Isabel

Tengo mucha hambre y mucho frío.
Son muchas horas de viaje, estoy
cansada, tengo sueño. Tengo ganas de
hablar con mi mamá. Pobre Carlos,
tiene mucho miedo.

C Empareja las expresiones y forma frases completas. ¡Cuidado con los verbos!

1 No necesitamos americana, c
2 Tenéis sueño f
3 Cuando termino las clases b
4 No va al parque zoológico a
5 Los abuelos están en la cama d
6 Si tienes sed, e

4 **a** porque tiene miedo de los animales.
3 **b** siempre tengo hambre.
1 **c** tenemos mucho calor.
5 **d** porque tienen mucho frío.
6 **e** ¿por qué no bebes agua fría?
2 **f** porque estudiáis mucho.

ORAL

Mira el dibujo y contesta.

¿Quién tiene hambre?
¿Quién tiene frío?
¿Quién tiene sed?
¿Quién tiene calor?
¿Quién tiene miedo?
¿Quién tiene sueño?

Con tu compañero/a.

Ask each other the following questions.

¿Tienes hambre?
¿Tienes frío?
¿Tienes sed?
¿Tienes calor?
¿Tienes miedo?
¿Tienes sueño?

*Which of the above expressions starting with **tengo** would you use in the following situations?*

'Después de un día sin comer . . .
'Después de dos horas en el sol . . .
'De noche muy tarde en cama . . .
'En el desierto . . .
'En invierno sin jersey, ni chaqueta . . .
'De noche solo/sola en la calle . . .

¿TIENES HAMBRE?

Vamos de compras

```
51123685    3  8375   1088134      29OCT88
     5 FRUTERIA
     5 FRUTERIA         1
     5 FRUTERIA         1           173
     5 FRUTERIA         1           178
   001 ACEITUNAS        1           151
   001 ACEITUNAS        1           161
   001 ACEITUNAS        1           110
   001 ACEITUNAS        1           110
   005 LIMONES          1           105
   013 VINO TINTO       1           105
   004 MARACUYA         1           225
   004 CERVEZA          1           183
   002 PISTOLA          1           167
   004 COCA COLA        1           198
   004 SCHWEPPES        2            31
   004 SCHWEPPES        1            88
                        1            45
              TOTAL COMPRA           45
                                   2075
              EFECTIVO      2100
              RECIBIDO      2100
              CAMBIO          25
        TOTAL COMPRA-SUPER       2075
     1349        726
GRACIAS POR SU VISITA-PRINCESA
```

Por fruta y verduras

al supermercado.

No tenemos que olvidar los ajos

Hay gran variedad de pan

Y el pescado de Manolo es siempre muy fresco

O vamos a la tienda de comestibles, que tienen de todo

Vamos a comer o de tapas

¿Te gustan los boquerones en vinagre o prefieres codillo de cerdo?

Y para cenar.

Y ¿de postre?

Hay tartas riquísimas

hay dulces y yemas

o una cena italiana a medianoche

y toda clase de bombones, chocolatinas y caramelos

en las pastelerías/confiterías.

o algo más original

McDonald's lanza tres tipos de sabrosísimas ensaladas preparadas diariamente: "de la Huerta", "de Atún" y "del Chef" (jamón y queso). Las ensaladas más frescas. No te las pierdas. Ven a probarlas. Te esperamos.

¿IMAGINAS ALGO MÁS FRESCO QUE UNA ENSALADA McDONALD'S?

Y para beber

PARADOR NACIONAL DE TORDESILLAS

MINIBAR

Por favor indique en esta hoja con una X cada consumición efectuada y désela a recepción. Muchas gracias.

Please indicate with an X each item you have consumed and submit this form to the reception. Thank you.

Cocher d'une croix. S. V. P. vos consommations et remettez cette fiche a la reception. Merci beaucoup.

DENOMINACION DESIGNATION DESIGNATION	Número de Consumiciones	PRECIO UNIDAD	TOTAL PESETAS
Agua sin gas ½			
Agua con gas ½			
Cerveza			
C. Cola			
Refresco naranja			
Refresco limón			
Tónica			
Soda			
Champagne ½			
Champagne ¼			
Zumos varios de frutas			
Frutos secos			
Brandy (coñac)			
Ron			
Ginebra			
Jerez dulce o seco			
Anís			
Vermut			
Pippermint			
Whisky escocés			
Sangría			

Fecha, ...de........................ de 19 ....   TOTAL

Nombre ....   Habitación
Room
Chambre
Firma
Signature

Cargado en Fra. n.° ....

Siempre está Segovia y

José María
Restaurante Típico Castellano
Cocina Clásica Regional y de Temporada

Cronista Lecea, 11 - Teléf. (911) 43 44 84 / 43 54 55 / 43 41 07
(Junto a Plaza Mayor)

Segovia

Judiones del Real Sitio
con oreja y pie de cerdo

Besugo de anzuelo
a nuestro propio estilo

Cochinillo asado
de los molinos serranos y de nuestra hornada

Don José María, el maestro

Su restaurante tan especial

y su cocina de primera clase . . . sin olvidar el típico postre «ponche segoviano»

Isabel y todo el mundo lo saben

o las Paradores

MENU DEL DIA

Sopa del día
Spaghettis
Ensalada
Gazpacho
Paella
Espárragos

•

Filete
Chuleta *Chop*
Pescado
Escalope
Pollo
Estofado *Stew*

•

Helado o fruta
Vino o agua mineral

590 pts.

SERVICIO
INCLUIDO

o un menú más barato

RESTAURANTE LA RUEDA ESPAÑOLA

CARTA

ENTREMESES

Ensaladilla rusa	265
Jamón y chorizo	380
Sopa de pollo	180
Caldo gallego	230
Gazpacho	200
Fabada asturiana	300
Boquerones en vinagre	380
Boquerones en escabeche	380
Huevos con mayonesa	220
Ensalada mixta	240

Soup
Cold soup
Bean stew
Anchovies

tomato sauce

MARISCOS

Gambas a la plancha	500
Gambas al ajillo	500
Mejillones	390
Calamares fritos	400
Pulpo a la gallega	430

Prawn
Mussel
Squid
Octopus

CARNES

Lomo de cerdo	650
Ternera empanada	790
Paella (mínimo dos personas)	1250
Biftec riojano	850

Loin
Veal
pork

PESCADOS

Merluza a la romana	800
Sardinas asadas	400
Pez espada	700
Bacalao a la vizcaína	690

roast
Swordfish
Cod

POSTRES

Flan	160
Helados variados	180
Fruta del tiempo	150

Crème caramel

LEGUMBRES

Judías verdes	120
Guisantes	120
Patatas salteadas	120

Fr. beans
Sautées

😐 En el Restaurante

Eduardo entra con su amiga Pilar en el «Restaurante La Rueda Española».

Camarero: Buenas noches.
Eduardo: Una mesa para dos, por favor.
Camarero: Sí señor, ... aquí . . . . en el rincón.

Pilar y Eduardo pasan un rato largo estudiando la carta. En la mesa hay un plato de aceitunas.

Camarero: Señorita, ¿de primer plato?
Pilar: No quiero ni sopa, ni pescado . . . una ensalada mixta y paella para dos.
Eduardo: No, no, un momento. No me gusta la paella.
Pilar: Bueno, entonces, la ensalada y ternera empanada con patatas fritas y guisantes.

Camarero: Muy bien. Ensalada mixta de primero, y luego ternera empanada con patatas fritas y guisantes. ¿Y para el señor?
Eduardo: Para mí, gazpacho, gambas a la plancha, huevos con mayonesa, sardinas asadas y un biftec con patatas fritas, guisantes . . . y judías verdes.

Camarero: Sí señor, ¿eso es todo?
Pilar: Sí, eso es todo, gracias.
(a Eduardo) ¡Qué barbaridad! ¡Comes demasiado!
Eduardo: ¡Claro! . . . si tengo mucha hambre.
Camarero: Bueno y . . . ¿para beber?
Pilar: Sí, una botella de Rioja, una de Valdepeñas y . . .

Eduardo: ¡Bueno, bueno! ¡Ya está! ¡Qué horror! ¡Qué borracha! ¡Bebes demasiado!
Pilar: ¡Claro! . . . si tengo mucha sed.
Camarero: ¿Y de postre?
Eduardo: Para mí . . .
Pilar: De postre, nada. Eso es todo, gracias.

Tres horas más tarde.
Camarero: La cuenta, señor.
Eduardo: Gracias, la señorita paga.
Pilar: ¿Yo? ¡No! ¡Pagas tú! Y la próxima vez, con mi próximo novio, pago yo.

D Decide si las siguientes frases son **verdaderas, falsas** o **probables**

Eduardo:
1 En casa como mucho.
2 No me interesa Isabel.
3 Me gusta Pilar.
4 No nos gusta la paella.
5 No me gustan las legumbres.
6 Mi amiga bebe demasiado.

Pilar:
7 No me gusta el pescado.
8 No me interesa comer mucho.
9 Mi amigo come postre.
10 No nos gusta el postre.
11 Pronto comemos juntos otra vez.
12 No me interesa Eduardo.

> LIBRO DE EJERCICIOS   C & D

Aprende 36

INTERESAR		GUSTAR
me interesa (-n)		me gusta (-n)
te interesa (-n)		te gusta (-n)
le interesa (-n)		le gusta (-n)
nos interesa (-n)		nos gusta (-n)
os interesa (-n)		os gusta (-n)
les interesa (-n)		les gusta (-n)

Ejemplos

= Le gusta comer.

= Le gusta el fútbol.

Pero

= Le gustan los libros.

Tengo mucha hambre. Una mesa para cuatro, por favor.

Don Idiota

No nos gusta la carne

Soy vegetariano, no me gusta ni la carne, ni el pescado.

¿Te interesa el fútbol? – No, me interesan los toros y también me interesa estudiar.

E Utiliza las formas adecuadas de los verbos **gustar** e **interesar**

Ejemplos

a (gustar) = Le gustan las legumbres.

b ¿No (interesar) = ¿No os interesa el museo?

c No → (interesar) = No nos interesa comer.

1 (gustar)

2 ¿ → (interesar) ?

3 (gustar)

4 ¿ → (interesar) ?

5 (gustar)

6 (interesar)

7 (gustar)

8 (gustar)

9 ¿ → (gustar) ?

10 ¿ → (interesar) ?

11 → (interesar)

12 ¿ (interesar) ?

marivel ®
mejor chocolate... imposible.
Av. C.J. Arosemena, Km. 2 1/2
Telfs.: 204 442 ● 202 408 ● 202 820 ● 204 548
Guayaquil - Ecuador

MINISTERIO DE CULTURA
PATRONATO NACIONAL DE MUSEOS
452651
Sello del Museo
ENTRADA GRATUITA
INDIVIDUAL
GRUPO DE

F Contesta en español

1 ¿Te gusta estudiar?
2 ¿Te interesan los deportes?
3 ¿No te gusta bailar?
4 ¿Te gustan las matemáticas?
5 ¿Te interesan los idiomas?
6 ¿Te gusta viajar?
7 ¿Te interesa la moda?
8 ¿No te gusta la carne?
9 ¿Te gustan los postres?
10 ¿Te interesan los diamantes?

G Empareja las preguntas con las respuestas

1 ¿Te gusta la radio? e
2 ¿A tu hermano le gustan los deportes?
3 ¿A tus hermanos les gustan las legumbres?
4 ¿No te interesa pintar?
5 ¿A tu padre le interesa la música moderna? a
6 ¿Te interesan los trenes? f

Aprende 37

le gusta — **A** Pepe le gusta comer.
le interesan — **A** Pepe le interesan las novelas.
les gustan — **A** Paco y **a** mi hermano les gustan las chicas.
les interesa — **A** mis padres no les interesa bailar.

a No, no le interesa.
b Sí, me interesan mucho.
c No, no les gustan.
d Sí, le gustan mucho.
e No, no me gusta.
f Sí, muchísimo.

Entrevista con Teresa

Reportero: ¿Cómo te llamas?
Teresa: Me llamo Teresa Colón.
Reportero: ¿Cuántos años tienes?
Teresa: Tengo trece años.
Reportero: ¿Y dónde vives?
Teresa: Pues, vivo en Zaragoza, en España, pero ahora estoy de vacaciones con mis padres en Nueva York por dos meses.
Reportero: ¿Te gusta Nueva York?
Teresa: Sí, me gusta mucho pero a mis padres no les gusta.
Reportero: ¿Por qué no les gusta a tus padres?
Teresa: Pues, porque no les interesan las tiendas, no les gusta el teatro y a mi padre no le gusta la televisión americana porque no comprende el inglés.

Diez Festival
internacional
De *Teatro·Madrid*
Marzo 1990

Precio de ABONO

MARZO

	X	J	V	S	D	L	M	X	J	V	S	D	L	M	X	J	V	S	D

TEATRO DE LA COMEDIA
7 8 9 10 **11** 12 13 14 15 16 17 **18** 19 20 21 22 23 24 **25**

C.I.C. THÉÂTRALES
WOZA ALBERT!
20,30 20,30 19,00

LIVING ARTS
ESTER: UN VODEVIL MEGUILÁ
20,30 20,30 20,30 19,00 20,30

Butaca: 1.200 Pts.

TEATRO ALBENIZ
7 8 9 10 **11** 12 13 14 15 16 17 **18** 19 20 21 22 23 24 **25**

T. D'AUBERVILLIERS
FAMILIA DE ARTISTAS
22,30 20,30 20,30 20,30 19,00

CIA. FRANCISCO NIEVA
EL BAILE DE LOS ARDIENTES
20,30 20,30 20,30 19,00 19,00 19,00
22,30 23,30

Butaca: 1.200 Pts

C. CULTURAL GALILEO
7 8 9 10 **11** 12 13 14 15 16 17 **18** 19 20 21 22 23 24 **25**

CIA MARIO GLEZ.
CLOWNS
20,30 20,30 20,30 19,00

DELICIOSA ROYALA
¿ADONDE…?
20,30 20,30 20,30 20,30 19,00

Butaca: 850 Pts

TEATRO ESPAÑOL
7 8 9 10 **11** 12 13 14 15 16 17 **18** 19 20 21 22 23 24 **25**

KUNGLINGA DRAMATISKA
CASA DE MUÑECAS
20,30 20,30 20,30 20,30

T. STABILE DI GENOVA
TITO ANDRONICO
11 10 20,30 20,30 19,00

Butaca: 1.200 Pts

SALA OLIMPIA
7 8 9 10 **11** 12 13 14 15 16 17 **18** 19 20 21 22 23 24 **25**

STARY TEATR
HAMLET IV
20,30 20,30 20,30 19,00 20,30

TARTANA TEATRO
OTOÑO
20,30 20,30 19,00

Butaca:
HAMLET: 1.200 Pts
OTOÑO: 850 Pts

TOTAL PESETAS

Nombre _____
Dirección _____
Teléfono _____ Fecha _____

Ayuntamiento de Madrid   Comunidad de Madrid   MINISTERIO DE CULTURA

LOS CANALES DE TELEVISION EN ESPAÑA

TVE-1	TVE-2	TV-3	Antena 3	Telemadrid
Tele 5	Satélite	ETB-1	ETB-2	TVG

Reportero:	Y tú, ¿qué opinas?
Teresa:	A mí me gusta mucho Nueva York. Me gusta ir de compras . . . sí, las tiendas en Fifth Avenue me gustan muchísimo y tambíen me interesa el teatro y me gusta escuchar inglés y español en el metro y en las tiendas.
Reportero:	Bueno. Gracias. Te deseamos unas buenas vacaciones.
Teresa:	De nada. Adiós.

H Oral/Escrito

¿Quién dice? ¿Quién piensa? ¿Quiénes dicen? ¿Quiénes piensan?
Elige: Teresa, el Sr. Colón, la Sra. de Colón, o los Sres. Colón.

Ejemplo «Me gusta Nueva York.» – **Teresa**

1 «Vivo con mi marido y mi hija en Zaragoza.» *la Sra.*
2 «Estoy de vacaciones con mi hija y mi mujer.» *el Sr. C*
3 «No nos gusta Nueva York.» *los Sres C.*
4 «No les interesan las tiendas.» *Teresa*
5 «No me gusta la televisión americana.» *el Sr Colón*

6 «Sí, a Teresa le gusta muchísimo Nueva York.» *los Sres*
7 «Me interesa ir de compras.» *Teresa*
8 «A mi marido no le interesa el teatro.» *la Sra de C*
9 «Le gusta escuchar idiomas diferentes.» *los Sres de C*
10 «A tu hija le gustan las entrevistas.» *el Sr C a la Srad*

LIBRO DE EJERCICIOS ⟩ E, F, G, H

Aprende 38

LAS COMIDAS

el desayuno
desayunar

la comida
el almuerzo (en partes de España)
comer (verbo regular)
almorzar (ue)

la merienda
merendar (ie)

la cena
cenar (verbo regular)

cocinar
preparar la comida/
el desayuno/el almuerzo/
la merienda/la cena

Ejemplos

tomar = beber o comer
desayunar = tomar el desayuno
merendar = tomar la merienda
No desayuno = No tomo el desayuno = No tomo nada por la mañana.

A las once tomo un café.

Por la noche tomo una tortilla.

PONER (verbo irregular)

pongo

pones

pone

ponemos

ponéis

ponen

poner la mesa

BUENAS NOCHES

PARA EVITAR RETRASOS PIDA SU DESAYUNO ESTA NOCHE
Por favor, colgar en la puerta de su habitación antes de retirarse.
El Desayuno se sirve desde las 7 hasta las 11 de la mañana.
Por favor, marque su elección con número de porciones deseadas.

PERIODICOS: ☐ ABC ☐ EL PAIS
Por favor señale el que desee.

HABIT. Nº	Nº PERS.	FECHA	FIRMA

SERVIR ENTRE:

☐ 7.00 - 7.30
☐ 7.30 - 8.00

☐ 8.00 - 8.30
☐ 8.30 - 9.00
☐ 9.00 - 9.30

☐ 9.30 - 10.00
☐ 10.00 - 10.30
☐ 10.30 - 11.00

DESAYUNO CONTINENTAL

Zumo de Naranja Natural 1.200 Pts.

Cesto de Bollos, con Mantequilla y Mermeladas
☐ Café ☐ Té con ☐ Leche o ☐ Limón
☐ Leche Pasteurizada ☐ Chocolate ☐ Descafeinado

DESAYUNO AMERICANO

1.325 Pts.

ZUMOS
☐ Naranja ☐ Pomelo ☐ Tomate

DOS HUEVOS A SU GUSTO
☐ Fritos ☐ Tortilla ☐ Revueltos ☐ Al agua ..... Min.
Servidos con:
☐ Bacon ☐ Jamón York ☐ Salchichas Españolas
☐ Cesto de Bollos ☐ Tostadas
☐ Mermelada ☐ Miel
☐ Café ☐ Té con ☐ Leche o ☐ Limón
☐ Leche Pasteurizada ☐ Chocolate ☐ Descafeinado

PARADOR NACIONAL DE TORDESILLAS

Les ofrecemos nuestro Buffet de desayunos
Diariamente en el Restaurante
De 8 a 11 de la mañana

Cafés o infusiones
Zumos
Bollería y repostería
Fiambres
Platos calientes
Frutas naturales y en almíbar
Quesos y derivados lácteos

▌ Contesta en español

1   ¿A qué hora desayunas?
2   ¿Qué tomas para el desayuno?
3   ¿Comes en el instituto?
4   ¿A qué hora es la comida en el instituto?
5   ¿Qué tomas para la merienda?

6   ¿Cenas sola/solo o con tu familia?
7   ¿Quién pone la mesa para cenar en tu casa?
8   ¿Quién prepara la comida los domingos en tu casa?
9   ¿Te gusta cocinar?
10 ¿Le gusta cocinar a tu profesor?

La dieta del Sr. Salinas

Como mi familia está en Perú y no me gusta cocinar, la verdad es que como muy poco. Por la mañana, para desayunar, tomo tostadas con mantequilla y mermelada y dos tazas de café. Después no como nada hasta la comida.

Cosas de Isabel

En Perú no hay tortilla española.
Yo no sé cocinar, pero sí sé hacer una tortilla de patata:
Lleva huevos, patatas, cebolla y sal.
Cuando tengo hambre siempre pienso y escribo cosas de comida...

A las dos como en casa. Dos huevos fritos con patatas y, de fruta, una manzana. Luego, espero hasta la hora de la cena.

A eso de las nueve y media preparo una tortilla española de tres huevos, patata y cebolla y bebo un vaso de vino blanco.

J Oral/Escrito

Contesta en español.

1 ¿Cuántos huevos come el Sr. Salinas al día?
2 ¿Desayuna solo?
3 ¿Qué bebe para desayunar?
4 ¿Toma algo entre el desayuno y la comida?
5 ¿Le gustan los postres?
6 ¿Cuántas horas espera entre la comida y la cena?

7 ¿Bebe vino durante el día o por la noche?
8 ¿Cuáles son los ingredientes de una tortilla española?
9 ¿Cuándo come pan?
10 ¿Por qué come poco?

HORARIO DE RESTAURANTE	
Buffet libre de Desayuno. Buffet Petit dejeuner Breakfast Buffet	8 a 10'30
Comida Dejeuner Lunch	13'30 a 16
Cena Dinner Diner	20'30 a 22'30
Bar	10'30 a 23

ROMPECABEZAS

1 La cuenta
   Una paella para dos personas = 1.630 ptas.
   Dos ensaladas mixtas, a 250 ptas. cada una =
   Dos flanes, a 210 ptas. cada uno =
   Dos botellas de Rioja, a 626 ptas. la botella =
   2 × pan, a 60 ptas. por persona =

Paella para dos

   a   ¿Qué toman de postre?
   b   ¿Qué cambio reciben de cinco mil pesetas?

2 María pregunta: «¿Dónde está mi abrigo? Voy al fútbol.»
  Pedro pregunta: «¿Dónde están los bocadillos? No quiero biftec.»
  Manolo dice: «Es muy tarde, estoy muy cansado. Buenas noches.»
  Juanita dice: «¡Agua, más agua, por favor!»
  Ángeles dice: «No entro sola allí.»
  Miguel Angel dice: «Hace mucho sol en la calle, en casa estoy mejor.»

a ¿Quién tiene miedo?
b ¿Quién tiene calor?
c ¿Quién tiene sed?
d ¿Quién tiene sueño?
e ¿Quién tiene frío?
f ¿Quién tiene hambre?
g ¿A quién le gusta la sombra?
h ¿A quién no le gusta la carne?
i ¿A quién le interesan los deportes?
j ¿A quién le gusta beber mucho?
k ¿A quién le gusta dormir?
l ¿Quién necesita estar con más gente?

4 Un día de la semana no tiene **s**
  Dos días de la semana no tienen **e**
  Tres días de la semana tienen **r**
  Cuatro días de la semana no tienen **m**
  Cinco días de la semana no tienen **d**
  Seis días de la semana no tienen **g**

3 *Find out what is wrong with Mr Salinas.*

R	E	F	N	E
M	O	L	I	A
E	S	A	N	T
L	R	O	A	S
S	E	Ñ	S	E

Find out why.

S	E	U	M	O
O	V	H	E	C
P	E	N	T	E
O	M	A	L	O
R	Q	U	E	S

** Hostal–Bar–Restaurante
El Triunfo
Cardenal González, 87 (Junto Mezquita-Catedral)
Tels.: 22 38 63 · 64 (Dos líneas)
CORDOBA
BANQUETES – BODAS – COMIDAS DE NEGOCIOS
CENAS FLAMENCAS (Reserve su mesa)
TIPICA COCINA ANDALUZA E INTERNACIONAL
CELADA Tel. 738 31 99 D.L Nº 6968-1980 ESCOLAR

REVISION TEST

10

Capítulo Diez

☹ ¡Mamá, mamá!

Otro vuelo de Barajas a Latinoamérica

Cuando Isabel y Carlos llegan a Lima, pasan por la aduana y toman un taxi hasta la estación de ferrocarril. Mientras Isabel va a cambiar dinero, Carlos va a la taquilla a preguntar cuándo sale el próximo tren para Carmona.

Carlos: ¿Hay tren hoy para Carmona?
La Sra: ¿Para Carmona? Carmona es un pueblo fantasma. Es muy
            peligroso. Allí no vive nadie.
Carlos: ¡No importa! ¿Hay trenes o no?
La Sra: Sí, claro que hay. Hay uno dentro de media hora que pasa por
            Carmona, y para allí solamente un minuto.

Isabel vuelve con el dinero y unos bocadillos.
Carlos cuenta el dinero y compra dos billetes de ida.

Carlos: Isabel, la señora dice que es peligroso ir a Carmona.
Isabel: No importa si es peligroso o no. Tenemos que estar con mamá.
            Vamos a ver si está en Carmona. Carlos, ¡tú piensas
            demasiado!

Llegan muy cansados a Carmona. El tren para el tiempo justo para bajar
las maletas. El andén está vacío. No hay ni guardias ni viajeros, solamente
un perro ladrando.

Isabel: Vamos detrás del perro.
Carlos: No, no quiero. Estoy cansado.
Isabel: ¿Por qué mientes? Tienes miedo.
Carlos: Sí, claro que tengo miedo. ¡No hay un alma en este pueblo!
Isabel: ¡Vamos con el perro!

Andan con el perro y llegan a la entrada del bosque. A unos cien metros
encuentran una choza.
     Dentro están la madre y el hombre de la bufanda negra. En un rincón
hay dos sacos llenos de monedas de oro: es la herencia de los abuelos,
todo para los Salinas.

Carmona, pueblo fantasma

¡Vamos con el perro!

LIBRO DE EJERCICIOS   A

A   Elige la respuesta adecuada

1   Van a la estación de ferrocarril
a en tren.   **b** en coche.   **c** en avión.

2   Hay un tren para Carmona
a inmediatamente.   **b** el domingo por la noche.   **c** en treinta minutos.

3   Isabel va a
a preparar bocadillos.   **b** comprar los billetes.   **c** cambiar dinero.

4   La señora de la taquilla dice que el pueblo de Carmona
a está lleno de gente.   **b** está vacío.   **c** es fantástico.

5   El tren para en Carmona
a muy poco tiempo.   **b** media hora.   **c** porque hay un perro en el andén.

6   Carlos dice que está cansado pero realmente
a tiene frío.   **b** está asustado.   **c** tiene miedo de los perros.

7   Tienen que andar
a mucho para encontrar la choza en el bosque.   **b** rápidamente para encontrar la choza en el bosque.   **c** un poco para encontrar la choza en el bosque.

8   Su madre está
a sola en la choza.   **b** con otra persona en la choza.   **c** con los abuelos en la choza.

9   Las monedas de oro son para
a los Salinas.   **b** el hombre de la bufanda negra.   **c** los abuelos.

10   Los sacos con las monedas están
a a cien metros de la choza.   **b** fuera de la choza.   **c** en la choza.

UNA ASISTENTA GANA 100 KILOS DE ORO

chal

MAXIMA DISCRECION

Mantenga limpio Madrid

Compramos

ORO, PLATA Y JOYAS

SEGUN COTIZACION DEL DIA AL CONTADO Y METALICO

EL ORO AL PRECIO DEL ORO

Pase a visitarnos sin compromiso y obtendrá mas dinero por sus ventas.

Negociamos papeletas del Monte de Piedad.

28015 · MADRID

ALBERTO AGUILERA, 29
Teléf. 247 43 25

Aprende 39

TENER QUE + INFINITIVO
to have to (must) + infinitive

 Tengo que com**er**.
   I have to eat.

 Tienes que estudi**ar**.
   You must study.

 Tiene que com**er** menos.
   He/She has to eat less.

 Tenemos que escrib**ir**.
   We must write.

 Tenéis que cambi**ar** dinero.
   You have to change money.

Tienen que arregl**ar** la habitación.
   They must tidy their room.

IR A + INFINITIVO
to be going to + infinitive

Voy a estudi**ar**.
I am going to study.

¿Qué vas a estudiar el próximo curso?

Mi hermano y yo vamos a viajar

¿Vas a cocin**ar**?
   Are you going to cook?

Va a abr**ir** la puerta.
   He/She is going to open the door.

Vamos a viaj**ar**.
   We are going to travel.

Vais a baj**ar**.
   You are going to come down.

Van a sub**ir**.
   They are going to go up.

B Escoge el infinitivo de la lista sugerida

(parar, ser, estar, cambiar, preparar, anotar, reservar, ir de compras, estudiar, ahorrar)

1 Van a _estudiar_ porque mañana tienen exámenes.
2 Tengo que _cambiar_ dinero porque no tengo pesetas.
3 Tiene que _anotar_ todo en un cuaderno porque olvida todo fácilmente.
4 Estudia mucho. Va a _ser_ profesora de matemáticas.
5 El tren va a _parar_ por veinte minutos.
6 No tienen bastante para el viaje. Tienen que _ahorrar_ mucho dinero.
7 ¿Estás en la cocina? ¿Vas a _preparar_ la comida?
8 No hay nada en la cocina. Voy a _ir de compras_.
9 El restaurante siempre está lleno. Tienes que _reservar_ mesa.
10 Voy a _estar_ en la oficina por la tarde.

Cosas de Isabel

Ver a mamá es un placer. placeere
Ahora Carlos tiene menos
miedo. ¿Quién es el hombre
de la bufanda negra?
Mañana voy a contar las monedas
de oro ... Tengo que escribir a
papá, que está solo en Zaragoza.
... No me gusta el hombre de la
bufanda negra ... Nunca habla con
nadie ... Mamá tiene miedo,
está insegura.

ALQUILER OFICINAS
5211703

BURGER KING

Don Idiota

No va a entrar
¡No me digas!

C Contesta en español

1 ¿Tienes que estudiar mucho?
2 ¿Vas a cenar con tu familia hoy?
3 ¿Cuánto tienes que pagar por la entrada en el cine?
4 ¿Tienes que poner la mesa en casa?
5 ¿A qué hora vas a cenar?
6 ¿Vas a ser piloto o profesor/a?
7 ¿Tenéis que llevar uniforme en el colegio?
8 ¿Vais a viajar a Méjico durante las vacaciones?
9 ¿Tienes que ir a la carnicería para comprar carne?
10 ¿Vas a bailar con tu profesor/a mañana?

LIBRO DE EJERCICIOS ⟩ B

> **LOS 'JEANS': UNIFORME DE LOS JÓVENES**

Tengo que estudiar mucho

Aprende 40

SALIR *to go out*

(verbo irregular)

☺ salgo

→☺ sales

🚹🚺 sale

☺☺ salimos

→☺ salís

🚹🚺 salen

PENSAR *to think*

(verbo con radical **ie**)

☺ p**ie**nso

→☺ p**ie**nsas

🚹🚺 p**ie**nsa

☺☺ pensamos

→☺ pensáis

🚹🚺 p**ie**nsan

VOLVER *to return*

(verbo con radical **ue**)

☺ v**ue**lvo

→☺ v**ue**lves

🚹🚺 v**ue**lve

☺☺ volvemos

→☺ volvéis

🚹🚺 v**ue**lven

VUELVE TRAVOLTA

CAPÍTULO DIEZ | 149

D   Unc las preguntas con las respuestas

Salir

1   ¿Sales mucho los fines de semana? *f*
2   ¿Tu hermano sale con Pilar?   *d*
3   ¿Vamos a salir con tus padres? *a*
4   ¿Salís mucho los fines de semana? *e*
5   Mamá, ¿tengo que salir con la abuela? *b*
6   ¿Pilar y Eduardo salen juntos? *c*

Mentir, Pensar, Querer, Volver, Contar, Encontrar

7   ¿Piensas salir con tus hermanos? *j*
8   ¿Vuelves tarde a casa? *l*
9   ¿Mientes mucho? *k*
10   ¿Cuentas siempre el dinero que tienes? *g*
11   ¿Encuentras el español difícil? *i*
12   ¿Quieres ser profesor/a? *h*

3 **a**   No.
5 **b**   No, no tienes que salir hoy.
6 **c**   No, solamente son amigos.
2 **d**   No, sale con Dolores.
4 **e**   No, no salimos nunca.
1 **f**   No, no salgo mucho.

10 **g**   No, porque nunca tengo mucho.
12 **h**   No, no me gustan los colegios.
11 **i**   No, es fácil.
7 **j**   No, pienso estar en casa.
9 **k**   No, nunca miento.
8 **I**   No, vuelvo a las siete.

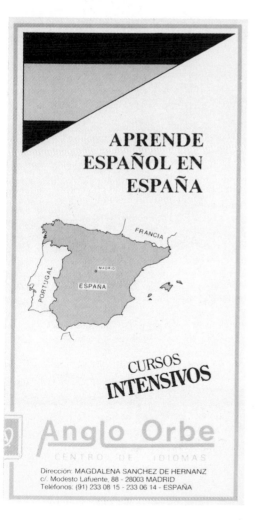

 **E**   Escucha y decide

Listen to the tape and decide which picture is being described.

F Escucha y decide

a

b

c

d

e

f

G Escucha y decide

a

b

c

d

e

f

Aprende 41

LOS DEPORTES/JUEGOS *Sports/Games*

El béisbol
Está jugando **al** béisbol.

La pelota vasca
(el frontón) Está jugando **a la** pelota vasca.

Las cartas
Están jugando **a las** cartas.

Los dardos
Están jugando **a los** dardos.

El ajedrez
No hay nadie jugando **al** ajedrez.

El fútbol
Están jugando **al** fútbol.

Aprende también el golf, el tenis, el billar, el rugby, el baloncesto, el fútbol americano (todos con **jugar**).

LIBRO DE EJERCICIOS E, F, G, H, I

Z

onas deportivas
- Piscinas olímpica e infantil
- Pistas de tenis
- Frontones *Pelota courts*
- Bar-Parrilla

HOSTAL CADOSA

Puesto de deportes en El Rastro

Está jugando al billar

Muchos chicos jugando al ajedrez

H Contesta en español

1 ¿Te gusta jugar al fútbol?
2 ¿Te interesa el tenis?
3 ¿No te gusta jugar al ajedrez?
4 ¿Te gusta ver el atletismo en la televisión?
5 ¿Cuál es el deporte nacional de tu país?
6 ¿Les gusta a los rusos jugar al béisbol?
7 ¿El fútbol es popular en Brasil?
8 ¿Te gusta la natación?
9 ¿Te interesa mucho el golf?
10 ¿Comprendes el cricket?

Pescando en El Retiro, Madrid

I Oral/Escrito

1 ¿Cuántos jugadores hay en un equipo de fútbol?
2 ¿Cuántas personas hay en un equipo de fútbol americano?
3 ¿Cuántas cartas hay en una baraja?
4 ¿Cuántas piezas blancas hay en un tablero de ajedrez?
5 ¿Cuánto tiempo dura un partido de fútbol internacional?
6 ¿Cuántos hoyos hay en un campo de golf?
7 ¿Cuántas personas hay en un equipo de rugby?
8 ¿Es más grande el balón de fútbol que el balón de baloncesto?
9 ¿A qué deporte van más espectadores, al fútbol o al baloncesto?
10 ¿De qué color es el paño de la mesa de billar, normalmente?

Carlos jugando al fútbol   *¿Baloncesto o fútbol?*

ORAL

Con tu compañero/a.

¿Quién piensa en el golf?
¿Quién piensa en el tenis?
¿Quiénes piensan en el fútbol?
¿Quiénes van al estadio?
¿Quiénes vuelven a casa?
¿Quiénes salen de casa?

¿Piensas mucho en el colegio?
¿A qué hora vuelves a casa de noche normalmente?
¿Sales mucho de noche?
¿Vas con tus amigos a discotecas?
¿Sales de casa por la mañana a las ocho?
¿Piensas mucho en tu familia?
¿Mientes mucho?

Aprende 42

ESTE/ESTA *this (m./f.)* . . .
ESTOS/ESTAS *these (m. & f.)* . . .

ESE/ESA *that (m./f.)* . . .
ESOS/ESAS *those (m. & f.)*

 este libro (**m.**)

 ese libro (**m.**)

 estos libros (**m. pl.**)

 esos libros (**m. pl.**)

 esta mesa (**f.**)

 esa mesa (**f.**)

 estas mesas (**f. pl.**)

 esas mesas (**f. pl.**)

Pero

 ¿Qué es esto? *What is this?*

 ¿Qué es eso? *What is that?*

Cosas de Isabel

Ahora pienso que mi hermano y yo también tenemos miedo de este hombre. ¿Por qué estamos en esta choza, en este bosque? ¡Qué misterio! Bueno, al menos estas monedas de oro son para mi familia...

J Oral/Escrito

Escoge **este, esta, estos, estas.**

Ejemplos libros – estos libros
mesa – esta mesa

1	piscina	6	ventana
2	chico	7	perros
3	chica	8	pantalones
4	casas	9	noche
5	café	10	guisantes

K Oral/Escrito

Escoge **ese, esa, esos, esas.**

1	camisa	6	colegios
2	gaseosa	7	amigas
3	impermeable	8	ropa
4	cocina	9	madrugada
5	teatros	10	tarde

L Mira los dibujos y escribe **este, esta, estos, estas, ese, esa, esos, esas.**

Ejemplo  ese hombre    estos hombres

1

2

3

4

5

6

7

8

9

10

11

12

M Casi-definiciones

Escoge la palabra o la frase que explica lo escrito a la izquierda.

1 *Este libro* — está allí, está lejos, está aquí.
2 *Estas casas* — están allí, está aquí, están aquí.
3 *Nunca salgo* — estoy en casa, estoy en la calle, estoy en el parque.
4 *Miente* — no dice nada, no dice la verdad, nunca dice nada.
5 *Quiero* — no me gusta, deseo, no me interesa.
6 *La cuenta* — números, palabras, frases.
7 *Setenta* — más de ochenta, menos de sesenta, menos de ochenta.
8 *Vuelven a pie* — llegan en coche, llegan andando, llegan en avión.
9 *Monedas* — comida, dinero, cambio.
10 *Una choza* — casa pequeña, un bosque, un teatro.
11 *No tienen que . . .* — es necesario, no es necesario, no tienen dinero.
12 *Van a viajar* — mañana, tarde, de pronto.
13 *Sudamericana* — paraguayo, panameña, venezolana.
14 *Ayuda* — va al parque, pone la mesa, vuelve tarde.
15 *Una dieta* — sin comer, sin hablar, sin leer.

La base fundamental para perder los kilos de más: dieta y ejercicio.

Mariano Salinas no está en Zaragoza

N Escribe las frases en el orden correcto

1  Cada día come menos y está muy delgado.

5  Cuando llegan a Chile el Sr. Salinas sufre un ataque cardíaco.

2 Cuando el avión va a aterrizar en Lima hay una tormenta.

6 Decide comprar un billete de Madrid a Lima.

3 Va en ambulancia directamente del aeropuerto al hospital.

7 Está en el quirófano donde hay dos cirujanos.

4 Mariano Salinas está muy triste en Zaragoza sin su familia.

8  El piloto decide no aterrizar y el avión tiene que ir a Santiago de Chile.

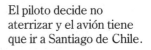
Vamos a Santiago

● Escribe la historia

Re-write the story using the expressions given below. Make sure
they are ordered correctly first.

3 **1** Va a la agencia de viajes y arregla el vuelo a Sudamérica.
8 **2** Necesita una operación urgentemente.
2 **3** No le interesa cocinar y pesa menos que nunca.
6 **4** La azafata nota que el Sr. Salinas está muy enfermo.
4 **5** Hace muy mal tiempo en la capital de Perú.
1 **6** A Mariano Salinas no le gusta estar sin su mujer y sus hijos.
5 **7** El capitán lleva el avión a la capital de Chile.
7 **8** Llegan los enfermeros por el Sr. Salinas y van directamente al
    quirófano.

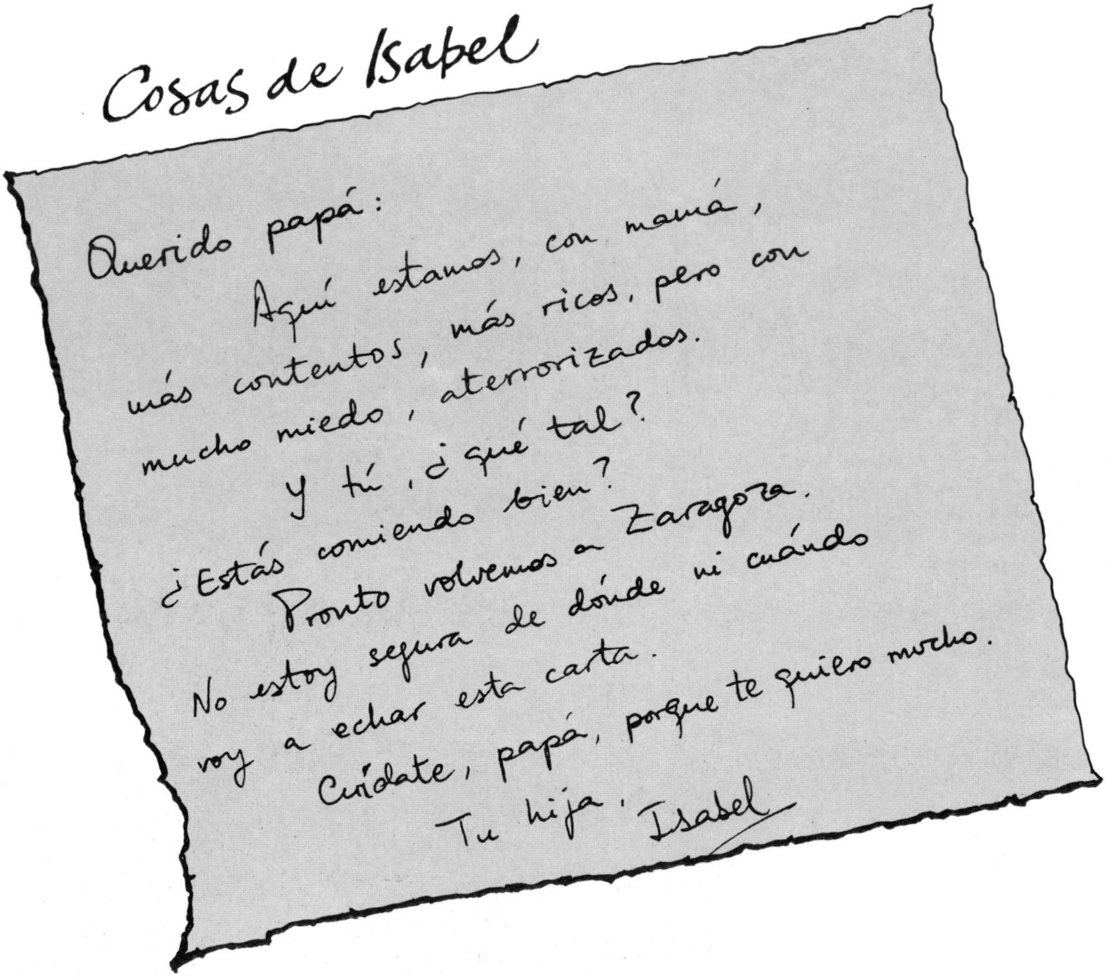

Cosas de Isabel

Querido papá:

Aquí estamos, con mamá,
más contentos, más ricos, pero con
mucho miedo, aterrorizados.

Y tú, ¿qué tal?

¿Estás comiendo bien?

Pronto volveremos a Zaragoza.

No estoy segura de dónde ni cuándo
voy a echar esta carta.

Cuídate, papá, porque te quiero mucho.

Tu hija, Isabel

ROMPECABEZAS

1 Las tardes de Angeles

Tiene que ir a casa de sus abuelos los domingos.
Tiene que estudiar en casa los lunes y los martes.
Tiene que salir con sus padres los viernes y los sábados.
Tiene que merendar en casa de sus primos los jueves. Sale con sus amigos los miércoles.

a ¿Cuándo es posible hablar por teléfono con Angeles?

b ¿Qué tarde no está con familiares?

c ¿Qué tardes no está en casa?

2 Escribe las palabras en tres grupos.

ferrocarril, tortilla, compartimiento, loco, destrozado, anticuchos, billete, contento, estación, taquilla, enfermo, Rioja, tren, churros, estúpido, andén, paella, lento, chicha, picarones, aburrido.

3 Madrid ¿Qué descripciones son correctas y cuáles no?

capital, peruano, seis letras, español, en la costa, sudamericano, en el centro, europeo, pueblo, país, ciudad, andaluz.

La Cibeles y Correos, Madrid

Madrid más moderno

11

Capítulo Once

Sospechas

Esa noche los Salinas están muy contentos. Como está el hombre de la bufanda negra con ellos, no hablan mucho. Se acuestan temprano y duermen bien.

Carlos se despierta antes que los otros, se levanta y va al riachuelo cerca de la barraca, donde se lava con agua fresca. Cuando vuelve se están levantando los demás.

Con el burro cargado con los dos sacos de monedas, comienzan a andar hacia Carmona. Cuando llegan a la estación hay cuatro hombres esperando:

uno tiene una escopeta y dice que es soldado,

otro dice que es periodista,

el tercero dice que es ministro del gobierno peruano,

y el cuarto dice que es general del ejército peruano.

Pero lo peor es que todos dicen que el tesoro no es de los Salinas sino del gobierno peruano. El hombre de la bufanda negra sabe que estos hombres no son quienes dicen que son. Un silencio espeluznante reina entre ellos. La Sra. de Salinas e Isabel lloran pero tienen mucho miedo y no dicen nada. Isabel piensa que son ladrones.

El tren llega y entran todos en un compartimiento, el «soldado» armado siempre detrás del grupo.

Después de media hora de viaje Carlos dice que quiere ir al aseo. Con permiso del «soldado» sale del compartimiento y nota que los sacos están al lado de la puerta.

A la vuelta, muy rápidamente, abre la puerta, empuja un saco y salta del tren.

Rodeado de monedas de oro, Carlos se desmaya. Al rato, vuelve en sí, le duele el brazo derecho. Se levanta, trata de andar, pero es imposible. Ahora le duele casi todo el cuerpo, especialmente la pierna y el brazo.

Pero Carlos no resiste la lluvia y el frío, y cae inconsciente. Mientras tanto el tren está llegando a la ciudad de Ica. Cuando va a ver dónde está Carlos, el hombre de la bufanda nota que la puerta está abierta y también salta del tren.

A Oral/Escrito

Elige la respuesta adecuada.

1 Carlos se despierta
   a después que los otros. **b** antes que los otros. **c** muy tarde.
2 Cerca de la choza
   a hay un cuarto de baño. **b** no hay agua. **c** hay un río pequeño.
3 **a** El burro **b** La madre **c** El hombre de la bufanda . . . lleva las monedas.
4 Los cuatro hombres dicen que son
   a ladrones. **b** fantasmas. **c** personas muy importantes.
5 Isabel piensa que el tesoro es de
   a la familia Salinas. **b** los ladrones. **c** los peruanos.
6 Los Salinas no hablan porque
   a están aburridos. **b** tienen mucho frío. **c** están asustados.

7 Los Salinas suben al tren
   a detrás del soldado. **b** con el soldado. **c** delante del soldado.
8 Carlos salta del tren cuando
   a va al aseo. **b** está en el aseo. **c** vuelve del aseo.
9 Cuando salta, Carlos cae
   a muy bien. **b** antes que el saco. **c** muy mal.
10 Le duele mucho
   a todo el cuerpo. **b** el brazo izquierdo. **c** la cabeza.
11 El hombre de la bufanda salta del tren
   a porque le gusta saltar. **b** porque quiere ir a Ica. **c** porque la puerta está abierta.
12 Ahora hay
   a cuatro hombres y dos mujeres. **b** dos mujeres y seis hombres. **c** tres hombres y dos mujeres.

LIBRO DE EJERCICIOS A

Aprende 43

VERBOS IRREGULARES

SABER *to know*

sé ¡No sé nadar!

sabes

sabe Sabe pintar.

sabemos

sabéis

saben No saben escribir.

DECIR *to say*

digo ¡Digo que sí!

dices

dice No dice nada.

decimos

decís

dicen ¡Dicen que no!

B *Match the following answers with the right questions*

A **1** «No, no decimos adónde vamos.»
f **2** «No, su padre tiene que cocinar.»
a **3** «Sí, piensan que está en el cajón.»
c **4** «No quiero ir a clase.»
d **5** «No digo nada.»
e **6** «Claro que sí.»

a ¿Saben dónde está la llave? 3
b ¿Decís adónde vais cuando salís de noche? 1
c ¿Qué dice un chico que odia el colegio? 4
d ¿Qué dices cuando estás **durmiendo?** 5
(N.B. **u** *and not* **o**)
e ¿Sabes escribir? 6
f ¿Sabe cocinar? 2

C Contesta en español

1 ¿Sabes jugar al ajedrez? *No sé*
2 ¿Sabes dónde está Correos? *¿Calle del Castillo?*
3 ¿No sabes escribir? *Claro que sí*
4 ¿Quién sabe más, tú o tu profesor/a? *Mi prof sabe más*
5 ¿Sabes cuántos habitantes hay en tu país? *Aprox un adamalli*
6 ¿Qué dices cuando recibes un regalo?
7 ¿Qué dices cuando sales de casa por la mañana?
8 ¿Qué dices cuando llegas a un restaurante por la noche?
9 ¿Qué dice tu profesor/a cuando entra en la clase?
10 ¿Qué dices cuando no quieres hablar?

D Escucha y escribe *Listen to the tape and decide which picture is being described.*

a

b

c

d

e

f

g

h

i

j

Cosas de Isabel

No sabemos dónde está Carlos. Mi madre y yo solas, con estos cuatro hombres. Mi madre no dice nada. Está muy asustada, llorando todo el tiempo.

LIBRO DE EJERCICIOS   B

Aprende 44

VERBOS REFLEXIVOS

LAVARSE (regular)
to wash (oneself)

DESPERTARSE
(radical **ie**)
to wake up

los domingos me levanto temprano, me lavo, me afeito, me peino y me acuesto otra vez

Don Idiota

me lavo	☺	me desp**ie**rto
te lavas	→☺	te desp**ie**rtas
se lava	🚹🚺	se desp**ie**rta
nos lavamos	☺☺	nos despertamos
os laváis	→☺☺	os despertáis
se lavan	🚹🚺	se desp**ie**rtan

Más verbos reflexivos:

levantarse	*to get up*
peinarse	*to comb one's hair*
afeitarse	*to shave*
maquillarse	*to put on make-up*
sentarse (**ie**)	*to sit down*
acostarse (**ue**)	*to go to bed*

E Contesta en español

1 ¿A qué hora te despiertas por la mañana?
2 ¿Te levantas antes que tus padres?
3 ¿Dónde te lavas?
4 ¿Te afeitas o te maquillas? (ni . . . ni . . .)
5 ¿Te peinas con un peine o con un cepillo?
6 ¿A qué hora te acuestas normalmente?
7 ¿Te sientas al lado de tu profesor/a en clase?
8 ¿Te lavas por la mañana con agua fría o caliente?
9 ¿Quién se afeita en casa?
10 ¿Duermes bien si te acuestas muy temprano?

LIBRO DE EJERCICIOS   C & D

La clase de Isabel . . . en mejores tiempos

F Describe los dibujos

Utiliza **luego, entonces, después, a las . . .**

Un día en la vida de Arturo

Aprende 45

ES DE *belongs to*   SON DE *belong to*

☺	mío(s)/mía(s) – *mine*	**el** saco	es mío
	tuyo(s)/tuya(s) – *yours*	**las** monedas	son tuy**as**
	suyo(s)/suya(s) – *his, hers*	**la** choza	es suy**a**
☺☺	nuestro(s)/nuestra(s) – *ours*	**las** monedas	son nuestr**as**
	vuestro(s)/vuestra(s) – *yours (pl.)*	**el** tesoro	no es vuestro
	suyo(s)/suya(s) – *theirs*	**las** monedas	no son suy**as**

ESTE COCHE PUEDE SER TUYO

OPEL CORSA JACA

Los peligros de nuestras vacaciones. ¡Cuidado con la playa y el mar!

G Elige

1 Los hombres dicen que **las** monedas son (del gobierno peruano/ de la Sra. de Salinas/suyos).
2 Isabel piensa que **el** tesoro es (de los Salinas/suya/de los hombres).
3 La Sra. de Salinas dice que **la** choza es (suya/mía/tuya).
4 Carlos dice que **las** monedas son (suyos/mías/suyas).
5 El hombre de la bufanda sabe que **el** tesoro es (del gobierno/de la familia/suya).

H Escribe **mío/a, tuyo/a, suyo/a,** etc.

Ejemplos   mi casa – es mía
nue**s**tras faldas – son nuest**r**as

1 su casa.
2 tu cepillo.
3 mi peine.
4 su restaurante.
5 tu cerveza.
6 mis hijos.
7 mi guardarropa.
8 vuestras bicicletas.
9 los libros de Carlos.
10 la corbata del Sr. Salinas.

I Oral/Escrito

Elige qué frase va con cada dibujo.
(Son suyas. Es nuestra. Es suyo. Son nuestras. Son suyos.
Son nuestros.)

1

2

3

4

5

6

Aprende 46

EL CUERPO DE DON IDIOTA *Don Idiota's body*

Don Idiota dice

me duele la cabeza = tengo dolor de cabeza
  I have a headache

me duele el estómago = tengo dolor de estómago
  I have a stomach ache

me duelen las muelas = tengo dolor de muelas
  I have toothache

A Don Idiota

le duele el brazo   *Don Idiota's arm hurts*

le duele la barbilla   *Don Idiota's chin hurts*

le duelen las rodillas   *Don Idiota's knees hurt*

le duelen los dedos del pie   *Don Idiota's toes hurt*

DOLER
me duele (–n)
te duele (–n)
le duele (–n)
nos duele (–n)
os duele (–n)
les duele (–n)

LIBRO DE EJERCICIOS F & G

ME DUELE UN POCO LA CABEZA

CAMPEONATO
MUNDIAL
DE AJEDREZ

HOY: FINAL
PONCHE DE
SEGOVIA
CAMPEON DEL MUNDO

J Escucha y decide *Listen and decide who is speaking.*

María

Pilar

Isabel

Teresa

Carlos

La Sra. de Salinas

Ahmed

Steve

El Sr. Salinas

Eduardo

K   Contesta en español

1   ¿Vas al médico cuando te duele la cabeza?
2   ¿Te duele el estómago cuando comes demasiado?
3   ¿Tomas calmantes cuando tienes dolor de muelas?
4   ¿Cuándo vas al dentista?
5   ¿Andas bien cuando te duele la pierna?

Une las preguntas con las respuestas.

6   ¿Te duelen los ojos? *d*   **a**   Sí, me duele.
7   ¿Le duelen los oídos? *e*   **b**   Sí, les duelen.
8   ¿Te duele la rodilla? *a*   **c**   Sí, le duele.
9   ¿Les duelen las manos? *b* **d**   No, no me duelen.
10 ¿Le duele el pie? *c*   **e**   Sí, le duelen.

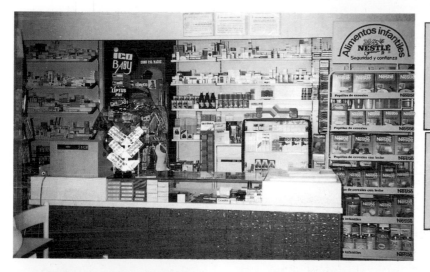

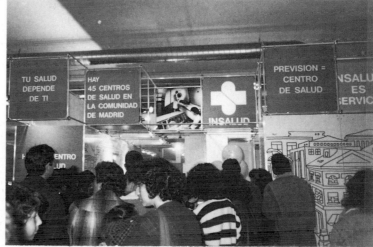

Aprende 47

PROFESIONES Y OFICIOS *Professions and jobs*

Profesor/a

Médico, Doctor/a

Jardinero/a

Minero/a

Futbolista

Secretario/a

Abogado/a

Cartero/*a*

Dentista

Arquitecto

Taxista

Dependiente/a

No tiene trabajo *He/She does not have a job.*
No trabaja *He/She is not working.*

Está desempleado/a *He/She is unemployed.*
Está en el paro *He/She is on the dole.*

L Une estas frases

1	Es médico,	a	trabaja en una oficina.
2	No tengo trabajo,	b	me gusta sacar muelas.
3	Es jardinero,	c	trabaja en una escuela.
4	Es secretario,	d	trabaja en el hospital.
5	Es cartero,	e	está todo el día en la calle.
6	Soy taxista,	f	pero le gustan todos los deportes.
7	Somos dependientes,	g	trabaja en el parque municipal.
8	Es maestro,	h	trabajamos en Almacenes Italianos.
9	Es futbolista,	i	estoy todo el día en la calle.
10	Soy dentista,	j	estoy en paro.

Aprende 48

1° primero/a	4° cuarto/a	7° séptimo/a	10° décimo/a
2° segundo/a	5° quinto/a	8° octavo/a	
3° tercero/a	6° sexto/a	9° noveno/a	

Ejemplos

Carlos es el primero de la clase.

Isabel no es la primera de la clase.

Carlos es **el primer** chic**o** de la cola.
o
Es el chic**o** primer**o** de la cola.

Isabel es **la** primer**a** chic**a** de la cola.
o
Es **la** chic**a** primer**a** de la cola.

M Oral/Escrito

Escoge.

1 Enero es el (primer/primero) mes del año.
2 El miércoles es el (tercer/tercero) día de la semana.
3 Valparaíso es la (segundo/segunda) ciudad de Chile.
4 El 31 de diciembre es el (último/última) día del año.
5 Me llamo Ana. Tengo tres hermanas mayores. Soy la (cuarto/cuarta).
6 Me llamo Juan José. Tengo dos hermanos mayores. Soy el (tercer/tercero).
7 Somos tres hermanos y una hermana. Soy el (tercer/tercero) hijo.
8 Noviembre es el (undécimo/undécima) mes del año.
9 Juanito es el (primer/primero) y Juanita es la (quinto/quinta).
10 Es el (primer/primero) médico que tenemos en este pueblo.

URIA, N.o 58
TELF. 21 48 27
OVIEDO

MINISTERIO DE JUSTICIA
JUNTA PROVINCIAL DE
PROTECCION DE MENORES

PREMIOS:

		30.000 ptas. por bono
Primer Premio	....	10.000 » » »
Segundo »	....	6.000 » » »
Tercer »	....	2.000 » » »
Cuarto »		1.000 » » »
Anterior al 1er. premio		1.000 » » »
Posterior » »		

COBROS: En todas las Cajas de Ahorros de la Provincia
Sorteo Público, a las 4 de la tarde

Aprende 49

EMPEZAR A + INFINITIVO *to start (to begin) + infinitive*

☺ empi**e**zo a (+ infin.)

→☺ empi**e**zas a (+ infin.)

empi**e**za a (+ infin.)

empe**e**zamos a (+ infin.)

→ empe**e**záis a (+ infin.)

empi**e**zan a (+ infin.)

Empi**e**zo **a** estudi**ar** a las nueve.
I start studying at nine.

Empi**e**za **a** desayun**ar** a las siete.
He starts to have breakfast at seven.

Empi**e**zan **a** trabaj**ar** el lunes.
They start to work on Monday.

But *without a verb omit* **a**: Empi**e**za el trabajo el lunes.
He starts his job on Monday.

Similarly, com**e**nzar a (**ie**) *to begin to . . .*

Empieza la tarde en Avila

Así empieza la noche flamenca en Londres

Empieza el día en Salamanca

TERMINAR DE + INFINITIVO *to finish + verb*

😊	termino de (+ infin.)
→😀	terminas de (+ infin.)
👫	termina de (+ infin.)
😊😊	terminamos de (+ infin.)
→😀😀	termináis de (+ infin.)
👫	terminan de (+ infin.)

¿Terminas **de** trabaj**ar** hoy?
Do you finish working today?

Terminamos **de** jug**ar** a la una.
We finish playing at one.

Terminan **de** cen**ar** muy tarde.
They finish having supper very late.

But *without a verb omit* **de:** Terminan la cena tarde.
They finish supper late.

N Contesta en español

1 Cuando el profesor sale de la clase, ¿empiezas a hablar?
2 ¿Terminas de desayunar antes de las ocho?
3 ¿A qué hora empiezas a estudiar por la tarde?
4 ¿A qué hora terminan las clases en tu colegio?
5 ¿Cuándo comienzan las vacaciones de verano?
6 ¿Qué dice el profesor cuando comenzáis a gritar en clase?
7 ¿En qué mes empieza a nevar en tu país?
8 ¿Adónde vas cuando terminas de ver la televisión por la noche?
9 ¿Quién comienza normalmente a lavar los platos en casa?
10 ¿Es posible empezar a aprender a conducir con 16 años en tu país?

HORARIO DE RESTAURANTE

Buffet libre de Desayuno. Buffet Petit dejeuner Breakfast Buffet	8 a 10'30
Comida Dejeuner Lunch	13'30 a 16
Cena Dinner Diner	20'30 a 22'30
Bar	10'30 a 23

Cosas de Isabel

Mamá:
Voy a una fiesta con mis amigas. Comienza a las ocho y no termina hasta las once y media.
¿Vuelvo sola o no? ¿Qué piensas?
Luego te llamo.
Isabel

ORAL

Con tu compañero/a.

¿Qué hace la señora por la mañana?
¿Sale de casa antes de las ocho y media?
¿En qué piso está su clínica?
¿Es médico?
¿A qué hora comienza a trabajar?
¿A qué hora termina?

¿A qué hora te levantas?
¿Te lavas en tu habitación?
¿A qué hora sales de casa?
¿A qué hora llegas al colegio?
¿En qué piso está tu clase?
¿A qué hora termina esta clase?
¿Eres estudiante?

LIBRO DE EJERCICIOS   J & K

En el hospital

Carlos vuelve en sí. Está en una habitación privada de un hospital. Las paredes son todas blancas. Sobre una mesita hay vendas, algodón y una nota.

Carlos no puede moverse. Tiene la pierna derecha y el brazo izquierdo vendados. La nota dice:
«Desde la cama puedes ver una bandera».

Carlos mira hacia la ventana y nota que no muy lejos, hay una bandera y no es la bandera de Perú, sino la bandera de Chile.

Entonces entra una enfermera y Carlos pregunta en seguida:

—¿Dónde estoy? ¿Dónde está mi familia?
—Estás en Santiago de Chile, tu padre está en el quirófano, y hay dos cirujanos operándole — contesta la enfermera.
—¿En Chile? ¡Imposible! ¿Mi padre está aquí? No puede ser.
Y mi hermana Isabel, mi madre, ¿dónde están? — pregunta Carlos, completamente sorprendido.
— ¿Qué madre? ¿Quién es Isabel? No sé nada — dice la enfermera.

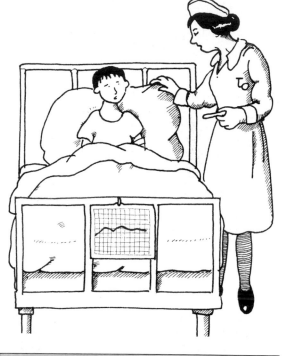

Aprende 50

PODER + INFINITIVO *to be able to (can)*

☺	**pue**do	no puedo andar *I can't walk.*	
🙂→	**pue**des		
👫	**pue**de	no puede sal**ir** *He can't get out.*	
☺☺	**po**demos		
→😗	**po**déis		
👫	**pue**den	pueden entr**ar** *They can come in.*	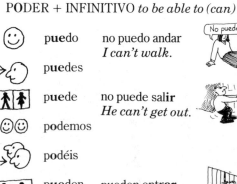

Cosas de Isabel

Como no sé dónde está Carlos no puedo dormir, no puedo comer y no puedo pensar ... pero tengo que sonreír para mi madre.

O Une las siguientes preguntas con las respuestas apropiadas

1 ¿Por qué hay vendas y algodón en la mesita?
2 ¿Por qué no puede moverse Carlos?
3 ¿Por qué no puede ver la bandera de Perú?
4 ¿Por qué está su padre en el quirófano?
5 ¿Por qué dice Carlos que su padre no puede estar en Chile?
6 ¿Por qué dice la enfermera que no sabe nada?

a Porque está muy enfermo.
b Porque está en Chile.
c Porque Carlos está en un hospital.
d Porque piensa que está en España.
e Porque no sabe quién es Isabel.
f Porque le duele todo el cuerpo.

ROMPECABEZAS

1 Busca las soluciones. Con la primera letra de la respuesta de **a**, la segunda de la respuesta de **b**, la tercera de **c**, etc., es posible formar el nombre de una capital.

a tres menos dos
b cinco y cinco
c transporte del hospital
d iglesia principal
e ir a la calle
f pelota vasca
g oliva
h lugar donde comer
i legumbres pequeñas, redondas y verdes
j totalmente
k los habitantes de Canadá

2 Pedro vive en el noveno piso, Juan en el quinto y Felipe en el tercero. Julián vive más cerca de Juan que de Felipe. Pilar vive más lejos de Pedro que de Felipe. Felipe sube menos escaleras que todos.

a ¿Quién vive en el octavo piso?
b ¿Quién tiene que subir más escaleras?
c ¿En qué piso vive Pilar?

Iglesia con la catedral al fondo, Segovia

Los Salinas viven en el tercer piso

12

Capítulo Doce

EL PRETÉRITO *The preterite tense (simple past)*

BAJAR	VENDER/SALIR	IR (a) (irregular)	
bajé *I came down*	vendí/salí *I sold/I went out*	fui	*I went*
bajaste	vendiste/saliste	fuiste	*you went*
bajó	vendió/salió	fue	*he/she went*
bajamos	vendimos/salimos	fuimos	*we went*
bajasteis	vendisteis/salisteis	fuisteis	*you went (pl.)*
bajaron	vendieron/salieron	fueron	*they went*

Isabel y su madre

En Ica, Isabel, su madre y los cuatro hombres bajaron del tren y fueron directamente a un coche blanco que salió de la ciudad y se dirigió hacia las montañas.

Después de dos horas y media de viaje dejaron la carretera principal y pronto llegaron a unas cuevas. Allí había dos hombres más. Llevaron a Isabel y a su madre a una cueva, donde había dos colchones, un cubo y un libro, la Santa Biblia.

Caridad para los pobres

Así pasaron una semana, sin comer mucho y casi sin dormir, y un día, porque Isabel gritó y protestó, llevaron a su madre a otra cueva.

¡Gracias a Dios por la Santa Biblia! Isabel es una chica bastante religiosa

El «periodista» pasó toda la noche de guardia a la entrada de la cueva. Isabel fue a hablar, a implorar, pero el «periodista» solamente habló con ellas cuando llegó con la sopa, (más agua que sopa) a las nueve de la noche.

Rastrillo = jumble sale

A Escribe

¡Estas frases no son verdaderas! Escribe la versión correcta.

1 Bajaron del tren los hombres solos.
2 En un coche blanco se dirigieron hacia la ciudad.
3 Había dos hombres más en la carretera principal.
4 No había nada dentro de las cuevas.
5 El «periodista» pasó la noche hablando con Isabel.
6 Cenaron muy bien.
7 Pasaron una semana en un hotel de cinco estrellas.
8 Isabel nunca protestó.
9 Llevaron a la Sra. de Salinas a otra cueva porque había bastantes colchones.
10 Los hombres no son muy crueles.
11 Isabel está más contenta porque ahora tiene dos colchones.
12 El «periodista» habla mucho de noche.

B Escribe las frases en el pretérito

Ejemplo Isabel **va** a Perú – Isabel **fue** a Perú.

1 **Bajan** del tren en Ica.
2 **Van** en coche a las montañas.
3 **Llegan** a unas cuevas.
4 No **ven** camas en las cuevas.
5 «El periodista» **pasa** la noche de guardia.
6 Un día Isabel **protesta.**
7 **Llevan** a la madre a otra cueva.
8 **Pasan** muchas noches sin dormir.
9 La primera semana no **comen** mucho.
10 «No **tomo** la sopa.»

C Contesta en español utilizando **ayer** o **anoche** en la respuesta

Ejemplo ¿Fuiste a la discoteca? – No, anoche no fui a la discoteca.

1 ¿Fuiste al cine?
2 ¿A qué hora cenaste?
3 ¿Qué cenaste?
4 ¿Viste la televisión?
5 ¿Terminaste los deberes?
6 ¿A qué hora te acostaste?

Utiliza **esta mañana** en la respuesta.

7 ¿A qué hora te levantaste?
8 ¿Te lavaste?
9 ¿Desayunaste solo/a?
10 ¿A qué hora saliste de casa?
11 ¿Llegaste al colegio temprano? (Llegué)
12 ¿Hablaste con el director?

LIBRO DE EJERCICIOS A & B

Aprende 52

VERBO + a + PERSONAS
VER *to see, to be able to (can) see*

Presente		Pretérito	
veo	*I see*	vi	*I saw*
ves		viste	
ve		vio	
vemos		vimos	
veis		visteis	
ven		vieron	

Vio un perro en la cama.
She saw a dog on the bed.

Ve los coches desde la ventana.
She can see the cars from the window.

pero
Ve **a** los chicos desde la ventana.
She can see the boys from the window.

pero
Vio **a** su hermano en la cama.
She saw her brother on the bed.

Cosas de Isabel

Pasé una noche mala porque no cené nada. Estoy muy sola ahora. Quiero hablar con mamá. Quiero ver a mamá. ¡Ya no puedo más!

D Escribe la versión correcta

1 Lavan (a los/los) platos.
2 Lavan (al/el) bebé.
3 No ven (a sus/sus) abuelos.
4 Llaman (a/al) Pedro.
5 Adoran (al/el) apartamento.
6 Escuchan (a los/los) discos.
7 No escuchan (al/el) profesor.
8 Odian (a los/los) museos.

Casón del Buen Retiro (Museo del Prado)

9 Olvidan (a los/los) amigos.
10 Necesita (a sus/sus) tíos.
11 Ven (a la/la) televisión.
12 Ayudan (al/a) chico.

E Escoge

1 No entiendo a las (profesoras/matemáticas).
2 Estoy buscando mis (amigos/libros).
3 Llevé las (flores/chicos) al hospital.
4 Encontré a (mil pesetas/mis abuelos) en la calle.
5 Empujó (el saco/su hermano).
6 Mandaron a (la carta/sus hijos) a Buenos Aires.

Buzón de Correos

7 Adora a (su hermana/la costa).
8 No ve (las tiendas/los niños) desde la ventana.
9 Olvidaron (sus libros/sus primos).
10 No escuchan (el profesor/la radio).

Rosario:
Vi a tu hermano ayer en el mercado pero no me habló. Decidí visitarte pero no había nadie en casa. Vuelvo mañana.
Bárbara.

¡No había nadie en el pueblo!

😐 **De nuevo con su padre**

Carlos pasó dos horas en su habitación privada,
pensando en sus padres y en su hermana. De pronto
entró la enfermera empujando una camilla. Carlos vio
a su padre. La enfermera dejó la camilla al lado de la
cama y salió de la habitación.

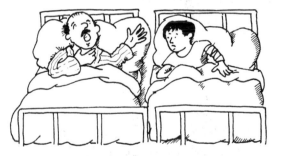

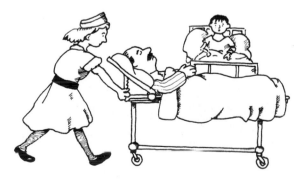

Carlos:	¡Papá! ¿Tú aquí? ¿Qué pasó?
El Sr. Salinas:	Carlos, ¿cómo voy a vivir sin mi familia? Hijo mío, sufrí mucho, sin comer . . . pensando todo el día . . .
Carlos:	Papá, no sé dónde están mamá e Isabel. No sé qué hacer. Papá, no estás respirando bien . . . la operación . . . ¿Por qué?
El Sr. Salinas:	Un ataque cardíaco . . . los problemas casi acabaron conmigo. Hijo, sé muy bien por qué estás aquí y sé que tu madre y tu hermana están en gran peligro. No puedo hablar más. Me canso, me canso mucho.

Como Carlos vio que no había nadie cerca para ayudar
a su padre, no habló más y descansaron un rato.

Aprende 53

Presente	Pretérito imperfecto
HAY *there is/are*	**HABÍA** *there was/were*

Ejemplos

¿Cuántos hombres **hay** hoy?
Hay un hombre./**Hay** diez.

¿Cuántos hombres **había** ayer?
Había uno./**Había** diez.

Verbo irregular (pretérito)
DECIR *to say*

dije *I said*
dijiste
dijo
dijimos
dijisteis
dijeron

F Escribe las frases en orden correcto

2 **1** Dejó al Sr. Salinas con Carlos y salió en seguida.
6 **2** También dijo que pasó mucho tiempo pensando en su familia,
4 **3** Carlos preguntó por qué necesitó su padre una operación.
5 **4** El padre dijo que sufrió mucho en España.
1 **5** La enfermera entró con el Sr. Salinas.
7 **6** y que sufrió un ataque cardíaco.
3 **7** Cuando no había nadie en la sala comenzaron a hablar.
8 **8** Carlos notó que su padre se cansó mucho,
10 **9** no hablaron más y descansaron un poco.
9 **10** y como vio que no había nadie con ellos,

> **LIBRO DE EJERCICIOS**

C, D, E

G *Link the statements to the right pictures*

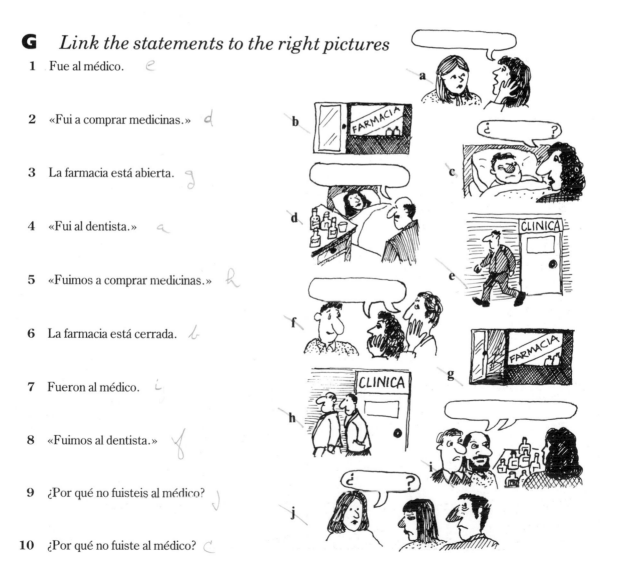

1 Fue al médico. *e*

2 «Fui a comprar medicinas.» *d*

3 La farmacia está abierta. *g*

4 «Fui al dentista.» *a*

5 «Fuimos a comprar medicinas.» *h*

6 La farmacia está cerrada. *b*

7 Fueron al médico. *i*

8 «Fuimos al dentista.» *f*

9 ¿Por qué no fuisteis al médico? *j*

10 ¿Por qué no fuiste al médico? *c*

Aprende 54

BUEN/BUENO/A   GRAN/GRANDE
un chico **bueno**   **una** casa **grande**

un buen chico   **una gran** casa

pero

una cena **buena**   **un** coche **grande**
una buena cena

también mal/malo/a   **un gran** coche

HACER (verbo irregular) *to do, to make*

presente		pretérito	
hago	*I make, I do*	hice	*I made, I did*
haces		hiciste	
hace		hizo	
hacemos		hicimos	
hacéis		hicisteis	
hacen		hicieron	

Don Idiota

¿Y que hiciste esta mañana?

H Escoge

1 Cuando sale de noche no (hace/hizo) los deberes.
2 (Hace/Hizo) el trabajo y luego fue al cine.
3 Cuando no tengo dinero no (hago/hice) nada.
4 Fuimos al campo por dos días, pero (hizo/hace) mucho frío.

No hay nadie. Hora de siesta en Logroño

Fuimos a la sierra e hizo mucho frío

5 ¿Qué (hacemos/hicimos) aquí? No hay nadie.
6 ¿Qué (haces/hiciste) cuando llegó tu padre?
7 ¿Qué (hacéis/hicisteis) cuando hace mal tiempo?
8 Dijo que no (hace/hizo) nada porque llegó muy tarde.
9 (Hacen/Hicieron) una (gran/grande) fiesta y fueron todos sus amigos.
10 (Hago/Hice) una (buen/buena) cena y comimos todos muy bien.
11 Mi madre pasó un (buen/bueno) rato con sus amigas en el teatro, pero mi padre pasó muy (mal/malo) rato solo en casa.
12 Ayer mi madre (hizo/hace) una sopa (buen/buena) y una paella muy (mal/mala).

VIVIR LAS fiESTaS de los puEblos DE MADriD

RESTAURANT SELF-SERVICE VERSALLES
PASEO MARITIMO - EDIFICIO PERLA 3 - Tel. 47 20 47
FUENGIROLA
Gran Buffet
Abierto 7 días a la semana
695 ptas.

▌ Describe

Describe los dibujos en el **pretérito**, utilizando los verbos sugeridos.

Juan y María, su mujer

Ejemplo  Juan saltó del balcón (**saltar**)

1

salir de

2

ir a pie

3

llegar a

4

esperar hasta

5

tomar

6

volver a

7

llegar a

8

llamar por teléfono a

9

volver a

10

olvidar

11

pagar

12

salir de

ORAL

Read the following passage based on the picture.

Una niña va al guardarropa de su padre y del bolsillo de la chaqueta saca las llaves del coche. Sale de casa, va al coche y se sienta.

Now make up questions on the passage above starting with: ¿Quién?, ¿Dónde está . . .? ¿Qué saca? etc.

Do the questions working in pairs, then rewrite the passage in the following manner:

Voy al . . .

LIBRO DE EJERCICIOS   F & G

ROMPECABEZAS

1   Un autocar salió de Málaga con quince pasajeros: ocho hombres y siete mujeres. En Granada se bajaron dos hombres y dos mujeres y subieron cinco hombres. En Córdoba se bajaron dieciséis pasajeros y no subió nadie.

   a   ¿Cuántas personas había en el autocar cuando llegó a Sevilla?

2   La hermana de Pablo es la mujer de Juan. La madre de Ricardo se llama Mabel. María y Juan no tienen hijos pero tienen un sobrino, Ricardo, hijo de Pablo.

   a   ¿Quién es la tía de Ricardo?
   b   ¿Quién es la hermana de Pablo?
   c   ¿Quién es la cuñada de Juan?

Un quiosco

3   Enrique tiene 252 pesetas. Tiene que gastar todo el dinero en un quiosco y un estanco. Venden sellos de 20 pesetas y postales de 33 pesetas. ¿Qué compra?

4 Palabras escondidas

Ejemplo Fue el **bar a to**mar una copa
porque no es caro. = barato

a En Roma los chicos **no son buenos.**
b El bar de esta calle **no está vacío.**
c **Dieciocho** pesetas **entre seis** personas.
d Me gusta tomar té solo, **un día** a la semana.
e Visité Roma y Oviedo **en primavera.**
f **La chica** fue de París a Bélgica.

Un estanco

Resumen de la historia de los Salinas

Cuando está la familia de vacaciones en la Costa del Sol, Isabel se escapa a Francia con Eduardo y otros amigos, y Carlos y sus amigos se llevan las llaves del hotel. La Sra. de Salinas va por Isabel y al volver a España decide irse a Perú, donde viven sus padres. El Sr. Salinas cae enfermo pero permite a Isabel y a Carlos ir a Perú a buscar a su madre. Con la ayuda de las tías pagan los vuelos, y van a Perú. Cuando la madre llega a Carmona, a casa de sus padres, se encuentra en un pueblo fantasma. Un hombre con la cara tapada con una bufanda negra, la está esperando y van a una choza en un bosque. Sus padres ya no viven pero hay un tesoro de monedas de oro que es la herencia para los Salinas. Isabel y Carlos llegan a Carmona y un perro los lleva a la choza. Su madre y el hombre ya tienen todas las monedas en sacos y al día siguiente vuelven a Carmona. Pero hay cuatro hombres esperando, que mienten y dicen que son del gobierno peruano. Como están armados, los Salinas tienen que obedecer y van en tren a Lima. Carlos, en un momento oportuno, salta del tren con un saco de monedas y cae inconsciente. El hombre de la bufanda salta poco después. Los otros llevan a Isabel y a su madre a unas cuevas en las montañas cerca de Ica. Carlos vuelve en sí y se encuentra en un hospital en Santiago de Chile. Allí está su padre, que no puede estar en Zaragoza sin su familia. Fue a Perú pero, por causa del mal tiempo, el piloto decidió ir a Santiago. Al aterrizar sufre el Sr. Salinas un ataque cardíaco. Así que Carlos está herido, acaban de operar a su padre, y su hermana y su madre están con los cuatro hombres todavía en Perú. El Sr. Salinas y su hijo no saben dónde. ¿Quién es el hombre de la bufanda negra? ¿Cómo llegó Carlos a Santiago? Y ¿ qué va a pasar?

Continuación de la historia de los Salinas

En las cuevas
Las cuevas donde estaban Isabel y su madre parecían celdas de máxima seguridad. Allí pasaban día y noche. La comida, pan duro y agua, llegaba una vez al día; a veces por la mañana, a veces por la tarde y a veces simplemente no llegaba.

Un domingo dejaron a Isabel hablar cinco minutos con su madre en presencia de dos guardias.

Isabel: Mamá, ¿Cómo estás?

La Sra. de Salinas: Mal, muy mal. Estoy pasando mucha hambre y mucho frío. No puedo dormir. No tengo fuerzas para hablar.

Isabel: ¡Por nosotros, por la familia, mamá! ¡Tienes que tener fuerzas!

En Chile
En Santiago, Carlos y su padre se recuperaban bastante rápido. Pronto Carlos estaba mejor y como no tenía nada que hacer comenzó a salir por las tardes. Un día conoció a un chico que andaba por las calles de la capital. A Carlos le chocó ver a tantos chicos, sin escuela, mendigando y viviendo de limosnas y de las sobras de los demás. Esa noche volvió al hospital casi sin ropa. Regaló el jersey, los zapatos y un abrigo nuevo que acababa de comprar. Su padre no dijo nada, pero sabía muy bien que su hijo no podía resolver los problemas de la pobreza de Latinoamérica. Él pasaba todo el día al teléfono, llamando a las embajadas y a la policía, pero sin éxito.

Ya en España. Más contenta

En las cuevas
¿Qué querían esos hombres? Ya tenían un saco de monedas. Carlos saltó del tren con el otro. Isabel y su madre no estaban seguras, pero pensaban que los hombres creían que había más monedas escondidas en el bosque. Las pocas monedas que Isabel tenía

escondidas estaban desapareciendo. Una vez por semana tenía permiso para escribir a España a su padre. Ellas no sabían que estaba en Chile. El «soldado» pedía una moneda por cada carta, e Isabel, aunque pensaba que no las mandaba, tenía que dársela. La verdad era que al «soldado» le gustaba Isabel y una noche cuando estaba solo de guardia, como vio que la madre estaba muy enferma, llevó a las dos al hospital de Ica y se escapó con las monedas de oro.

De Chile a Perú

Una noche llegó Carlos al hospital y encontró al hombre de la bufanda negra hablando con su padre. Sobre la cama había mapas y billetes de avión, y las maletas estaban hechas. Sin despedirse Carlos de sus amigos de las calles, salieron a la mañana siguiente para Lima, y de la capital a Ica. De la estación tomaron un taxi al hospital, no porque sabían que Isabel y su madre estaban allí, sino porque el Sr. Salinas cayó enfermo de nuevo. En la sala de espera estaba Isabel, más delgada que antes, y muy endeble. Mientras sus padres se reponían, el hombre de la bufanda cuidó de Isabel y de Carlos, como cuidaba de los abuelos cuando vivían. Ahora estaba arrepentido porque todo el tiempo sabía dónde estaban las monedas de oro y no mandó un telegrama a España cuando murieron los abuelos. Pero Carlos le debía la vida a él. Cuando salieron del hospital los padres decidieron volver inmediatamente a España. El «Sr. Bufanda» no consiguió volver con ellos, pero los Salinas dejaron la otra mitad del tesoro en el bosque y sólo él sabía dónde estaba.

Con sus amigas en Toledo. Otra vida

Práctica/Ensayos

Picture 1

Una _____ baja de un _____ y llega a la
_____ de policía. Son las _____ _____
_____. A la entrada _____ la _____
está su _____ esperando _____ un policía.

Picture 2

Los alumnos están en _____. Un _____ está
_____ hacia la _____ y no _____
aprendiendo nada. El _____ está hablando y _____
en la pizarra. Otro _____ no comprende la lección.

Picture 3

Un _____ y una _____ están en un puesto de
_____ y chocolate en la _____. Son las
_____. El chico _____ comiendo y la chica está
_____.

Picture 4

Hay _____ personas jugando al _____. Dos
_____ y dos _____. También hay _____
espectadores, _____ helados y charlando. En el marcador hay
_____ _____. Son _____
_____ _____. Hace
_____ pero está _____.

Picture 5

En la _____ de RENFE hay dos _____
_____ billetes. Una _____ está sacando
_____ del bolsillo. Cerca hay _____
_____ _____ flores. Un mozo lleva
_____ _____ de un hombre que _____ un
periódico y _____ fumando un puro.

Picture 6

_____ _____ está preguntando una dirección
al policía pero el policía no _____ y otra persona llega
para _____. Hay _____ _____ sacando
fotos. En frente hay gente sentada _____ de un
_____. Una familia _____ paseando.

Picture 7

El padre y la madre _____ viendo _____
_____ en la _____. Mientras tanto los chicos
_____ tirando _____ por el suelo. También hay
tazas rotas, chicos peleando y el bebé está _____.

Picture 8

Hay _____ personas comiendo. En la _____ hay
_____, pescado y una cesta de _____. Dos
_____ llevan gafas. Es el _____ de
_____ y son las _____ _____
_____. _____ un crucifijo _____ la pared.
La _____ está llenando el _____ de su hijo de
_____ tinto.

Picture 9

Hay _____ _____ en el _____ de un
hotel. Están _____ a los _____ que
_____ jugando en la _____. Hay gente
_____ y jugando _____ vóleibol. Otros están
_____ bocadillos y tomando el _____.

Picture 10

En el _____ del _____ hay _____
maletas. A un lado hay _____ y su _____. Enfrente
_____ dos _____ jugando _____ las
_____. La _____ está llorando. El abuelo
_____ preparando _____ de queso y jamón.

Picture 11

Hay _____ _____ en la cama leyendo. En la
_____ al lado _____ la _____ hay una
taza de _____. Está _____. Son las
_____ _____ _____ de la
_____. _____ no
_____ dormir.

Picture 12

El ferry _____ a Bilbao, en el _____ de España. Hay
muchos _____ ingleses saliendo del barco y van hacia
_____ _____ _____ _____.
Los _____ llevan _____ equipaje. Los coches
españoles _____ esperando. También _____ un
hombre _____ ajos y sandías.

Grammar section

1 Capítulo Uno

**Aprende I   The indefinite article
(a/some)   *un, una/unos, unas***

a   *un* (m.) a/an   *una* (f.) a/an
e.g. *un libro* a book
una mesa a table

Almost all nouns in Spanish ending in *o* are masculine:
Un hijo

Most ending in *a* are feminine:
Una hija

b   *unos* (m.pl.) some   *unas* (f.pl.) some

The word 'some' in Spanish is used in exactly the same way as it is in English:

I saw some super shoes.
Vi unos zapatos (m.pl.) estupendos.

but

I buy apples in the supermarket.
Compro manzanas en el supermercado.

c   'Some' without the noun must be translated by *unos* or *unas*:

Some (girls) are in the kitchen, others are in the dining room.
Unas están en la cocina, otras en el comedor.

(Here, instead of *unos* and *unas*, *algunos* and *algunas* are often used.)

d   *Unos* and *unas* also mean a few:

I spent a few weeks with my grandparents.
Pasé unas semanas (f.pl.) con mis abuelos.

e   *Un* and *una* are omitted for professions and nationalities:

She is a Dane. *Es danesa.*
He is a carpenter. *Es carpintero.*

f   *Un* or *una* are often omitted after *llevar* (to wear).

Lleva jersey blanco. She is wearing a white jumper

g   Sometimes *un* or *una* are omitted after *con*:

con jersey with a jumper.

h   *Un* or *una* are omitted after *sin* (without):

He dresses without a tie.
Viste sin corbata.

but

He returned without a single peseta.
Volvió sin una peseta.

therefore
sin un libro without a single book

i   *Un* or *una* are omitted after *tener* (to have) unless meaning 'one':

He does not have a brother. *No tiene hermano.*

but

He has one brother. *Tiene un hermano.*

He has a car. *Tiene coche.*

but

He does not have one car, but two.
No tiene un coche, tiene dos.

Note that the word for 'one' without a noun is *uno* or *una.*

Do you have sisters? *¿Tienes hermanas?*
I have one. *Tengo una.*
Do you have brothers? *¿Tienes hermanos?*
Yes, I have one. *Sí, tengo uno.*

Aprende 2   *Mi, mis* (my)

a Possessive adjectives have plural forms and agree with plural nouns:

mi libro my book
mis libros my books

b Similarly, with *tu* (your, sing.) *su* (his, her, their) (refer to **Aprende 15**).

c 'Our' and 'your' (pl.) have masculine, feminine and plural forms:

nuestro our – *nuestro libro* our book
　　　　　　nuestros libros our books

but

nuestra mesa our table
nuestras mesas our tables
Similarly with *vuestro* (your, pl.):
vuestro, vuestros, vuestra, vuestras.

Aprende 3   *Vivir*

a The verb *vivir* is a regular *ir* verb (refer to **Aprende 23**).
When asked *¿Dónde vives?*, depending on what you think the person asking meant, you may answer:

1　*Vivo en Nueva York* (or *Los Estados Unidos*).
2　*Vivo en Calle San Miguel, 17* (NB number after street).
3　*Vivimos cerca del parque.* (We live near the park.)

b When asked for your *señas* or *dirección*, you give your address.

c On official forms *domicilio* refers to your address.

Aprende 4   Personal pronouns

I	*yo*
you	*tú*
he/she	*él/ella*
we	*nosotros* (m.)
	nosotras (f.)
you	*vosotros* (m.)
	vosotras (f.)
they	*ellos/ellas*

a Personal pronouns are not used unless the subject of the verb – the person or thing performing the action – is being emphasised, or unless one or more persons in the sentence need to be specified to avoid confusion:

Comemos mucho. We eat a lot.
but
Nosotros comemos mucho. **We** eat a lot
or
Él no come nada pero ella come mucho. He eats nothing but she eats a lot.

b They are also used when there is a pronoun and no verb:
¿Quién es? – *Yo.*
Who is it? It's me.
Soy más alta que ella. I am taller than her (than she is).

c *Vd. (Usted)* and *Vds. (Ustedes)* are the polite forms (singular and plural) of you. (These are not used in the early part of the course.) Note that although they mean 'you' they are conjugated with the third person, i.e. like 'he' and 'they':
Are you (one person) in the hotel?
¿Está Vd. en el hotel?
Are you (more than one person) in the hotel?
¿Están Vds. en el hotel?
In parts of Andalucia and Latin America, *Vds.* is used instead of *vosotros* (you, pl.).

d   *estar* (to be)

There is another verb *ser* (to be) (refer to **Aprende 25**).

e You only use *estar* when you are saying:
where something/someone is, i.e. stating location;
Está en Bogotá. He is in Bogota.
what something/someone is, that is, a state likely to change i.e. temporary
Está muy contento. He is very happy.
Estoy aburrido. I am bored.

NB
1　You may not use *estar* for a state that is permanent – (unlikely to change) – he is a pilot, he is rich, I am his brother – unless you are stating location.
2　It is essential to check first for location to see whether it is definitely *estar.*
　If it is not location then you decide whether it is a temporary state in which case it will be *estar* or a permanent one (unlikely to change) in which case use *ser.*
3　Sometimes an adjective can be preceded by *estar* or *ser*:
　ser Es delgada. She is thin (she is a thin person)
　estar Está delgada. She is (now) thin (because she is dieting, she is not eating or is ill)

2 *Capítulo Dos*

Aprende 5 *Gustar* (to like)

a Although the verb is effectively used as 'I like', *me gusta* means it is 'pleasing to me'. Therefore it is conjugated: it is pleasing to me, to you, to him, to her, to us, to them. This means that you are not saying 'I like chocolate' but 'chocolate pleases me', *me gusta el chocolate.*

b The two forms of the verb used are *gusta* and *gustan*, is pleasing, are pleasing, together with to me, to you, etc.

c NB Refer to **Aprende 7 & 36.**

Aprende 6   The definite article *el, la, los, las*   (the)

a *el libro* the book, *la mesa* the table, *los libros* the books, *las mesas* the tables.

b *el/la* are used for titles:

Mr Salinas *El Sr. Salinas.*
Mrs Salinas *La Sra. de Salinas.*
Queen Elizabeth II *La Reina Isabel Segunda.*

c *el/la* must be used when saying 'in school', 'in hospital', 'in church', etc.

en el colegio, en el hospital, en la iglesia.

and also when saying 'to school', 'to hospital', 'to church', etc.

al colegio, al hospital, a la iglesia, etc.

d *el/la* must be used for games or sports:

el fútbol, la natación, el bingo, etc.

Plural of nouns

e To form the plurals of nouns you:

1   add *s* to words ending in *e, a* or *o.*
2   add *es* to words ending in *d, j, l, n, r* and *y*, (except for *jerseys*).

f For words ending in *z,* change the *z* to *c* and add *es:*

voz – voces voice – voices

g Words ending in *s* in the singular form the plural by adding *es:*

mes – meses month – months
(except for *paraguas* and days of the week *lunes* to *viernes*).

h Some words end in *u* and *i.* If the *u* or *i* have an accent the plural is *es:*

hindú – hindúes   rubí – rubíes

If not, add *s:*

tribu – tribus

i Most words used in Spanish which are borrowed from other languages need only add an *s* (like *jerseys* in E above):

club – clubs

Aprende 7   *Gustar – me gustan*

a You will remember from *Aprende 5* that you say *me gusta* if what you like is singular.

me gusta el fútbol

b But you must use *me gustan* if what you like is plural or comprises two or more nouns:

me gustan los animales
me gustan el fútbol y el béisbol

c *Gustar* must be followed by an infinitive if a verb is being used and only with *me gusta*, even when adding more than one verb.

me gusta bailar I like to dance

and

me gusta bailar y nadar I like to dance and swim

d Refer to **Aprende 36** for other verbs like *gustar* and for 'they like', 'you like', 'he likes', 'she likes' etc.

3 Capítulo Tres

Aprende 8 Agreement of adjectives

a Adjectives agree with the noun they describe – masculine/feminine and singular/plural.

b They follow the noun in most cases (refer to **Aprende 22**)

un libro rojo   *una casa roja*
libros rojos   *casas rojas*

c Adjectives ending in *o* change to *a* when using a feminine noun. Adjectives ending in *a* do not change in the singular or in the plural:

rosa – pink
naranja – orange

d Adjectives describing nationalities change from *o* to *a* or have an *a* added (e.g. *francés – francesa*) in the feminine form, unless they end in *e* (e.g. *canadiense – canadiense*, f.)

e Once you have the correct masculine or feminine forms, you form the plurals as you do for nouns (refer to **Aprende 6**):

verde – verdes, azul – azules

Aprende 9 *Hay*

a *Hay* means 'there is' or 'there are' (NB **Not** 'they are'):

there is a boy *hay un chico*
there are two boys *hay dos chicos*

b For later on in the course:

había there was *and* there were
habrá there will be (singular and plural)

Aprende 10 *El Tiempo* (weather)

a *está lloviendo* it is raining

but

llueve it rains **or** it is raining
está nevando it is snowing
nieva it snows **or** it is snowing

b The word *tiempo* also means 'period of time' and 'tense' in terms of verbs.

Note that the word for climate is *el clima:*

El clima en Moscú es muy frío.

Aprende 11 Seasons, months and numbers

a *Las estaciones* (seasons). Note that 'in summer' can be *en verano, el verano, los veranos.* Similarly, with spring, autumn and winter. You cannot say *en los veranos* for 'in summer', when you mean 'every summer': you must say *los veranos, los inviernos* etc.

b *Los meses* (months)
NB They have no capital letter:
en enero in January

c *Los números* (numbers)

1 Numbers from 1 to 29 should each be written as one word. (Although 16 to 19 may be written as *diez y seis* etc.) The numbers 31 to 39, 41 to 49, 51 to 59 etc. are always spelt as three words (see **Aprende 12a**): 38 *treinta y ocho*

2 Numbers 1, 21, 31 etc. have masculine and feminine forms.

   veintiún chicos = 21 boys
   veintiuna chicas = 21 girls

When a noun is used 'one' is either *un* or *una*, e.g.

un libro one book
una mesa one table

but when no noun is used, only referred to, the forms are *uno* and *una:*

¿Cuántos libros hay?	How many books are there?
Uno.	One.
¿Cuántas mesas hay?	How many tables are there?
Una.	One.

4 *Capítulo Cuatro*

Aprende 12a Numbers

100 pesetas – cien pesetas
153 pesetas – ciento cincuenta y tres pesetas

The word **doscientos** changes to **doscientas** before feminine nouns.
doscientos dólares – doscientas pesetas.
Similarly with 300–900.

Aprende 12b *Los días de la semana* (days of the week)

The word for day is *el día* (i.e. masculine). As with months they have no capital letters:
on Monday *el lunes*
on Mondays *los lunes*

but Saturday and Sunday have plural forms:
los sábados y los domingos
on Saturdays and Sundays

Aprende 12c

NB *¿A cuántos estamos?* is asked when you wish to know the exact day of the month:

¿Estamos a quince? Is it the 15th today?

Aprende 13 *De* (of)

There is no apostrophe 's' to denote belonging to. Therefore you cannot say 'the boy's book but rather 'the book of the boy', 'the house of Peter'.

a *de* (of):

La casa de Peter Peter's house
El norte de España the north of Spain.

b 'of the' can be *del, de la, de los, de las*

You cannot say *de el*, you must say *del:*
the boy's book *el libro del chico*
the girl's book *el libro de la chica*
the colour of the exercise books *el color de los cuadernos*
the colour of the walls *el color de las paredes*

Aprende 14 *La hora* (the time)

a You always say *son las* followed by the hour, then the minutes, except:

1 When 'one' is the hour (use *es* followed by *la una* + minutes)
   es la una y cuarto 1.15
   son las ocho menos cinco 7.55

2 It is midday – *Es mediodía.*
   It is midnight – *Es medianoche.*

b After the hour, i.e. *son las siete, es la una*, you use *y* from five minutes past to half past the hour, and **menos** from twenty-five minutes to the hour to five minutes to the hour. In parts of Latin America and in the USA they say *son cinco para las ocho* (five to eight) instead of *son las ocho menos cinco.*

c NB   *en punto* ('exactly' or 'on the dot') and *casi* ('almost'):

Son las cinco en punto. It is exactly five o'clock.
Son casi las dos. It is almost two o'clock.

d For expressions of time which include 'in the morning', 'in the afternoon' and 'at night' use *de la mañana, de la tarde* and *de la noche*

Son las cinco de la tarde. It is five o'clock in the afternoon.

e There is no equivalent of 'in the evening'. In Spain they say *de la tarde* until nightfall, although by nine o'clock, even if it is not dark, it is usually *son las nueve de la noche.*

f at one o'clock *a la una*
at two o'clock *a las dos*
at midday *a mediodía* (or *al mediodía*)
at midnight *a medianoche*

Aprende 15 *Mi/tu/su*

a Refer to **Aprende 2**.

b *Su* becomes plural *sus* only if what is owned is plural, not just if those who are owning are plural. Thus *el coche de las hermanas* can be expressed as *su coche* (their car) because what is owned is one car, although there are two owners. The same is true of *nuestro/a, vuestro/a.*

5 Capítulo Cinco

Aprende 16 Interrogatives

a *¿qué?* (what?) *¿quién?* (who) *¿dónde?* (where?) *¿cuándo?* (when?) *¿cuántos/as?* (how many?), all have question marks and an accent when used to ask a question. When they are used in a sentence which is not a question, they have no accent unless used in a sentence which implies a query.

1 *La tienda está cerca de donde vive Juan.*
The shop is near where Juan lives.

2 *No dice dónde está.*
He doesn't say where he is.

b When the word 'who' is used in a sentence which is not a question, you say *que* (without an accent)

El hombre que está en el balcón . . .
The man who is on the balcony . . .

c *¿cuánto?* means 'how much?'
¿cuántos? ¿cuántas? 'how many?'
(Refer to **Aprende 8**.)

Aprende 17 Present tense regular *ar* verbs

a Most verbs in the language are *ar* verbs (refer to **Aprende 4**).

b It is useful to know that with all regular verbs in the present tense, be they *ar, er* or *ir,*

the verb must end in:

I	*(yo)*	*o*
you	*(tú)*	*s (as, es, es)*
he/she	*él/ella)*	*a or e*
we	*(nosotros/as)*	*mos, (amos, emos, imos)*
you	*(vosotros/as)*	*is, (áis, éis, ís)*
they	*(ellos/as)*	*n(an, en, en)*

In all cases the *ar, er* or *ir* must be removed. It is important to learn these rules as it will make the learning of all the tenses much easier.

c Most irregular verbs vary little in their endings from the rules given above. (Refer to **Aprende 23**.)

Aprende 18a *Ir* (to go) (irregular)

a After *voy* the verb is like a regular *ar* verb.

b To say where you are going or what you are going to do, the verb *ir* must be followed by the word *a* (to). Therefore if you want to say 'I am going to the . . .' you must remember to use *al* (**not *a el*)/*a la* and *a los/a las*. These rules are identical to those for *de* (of the). Refer to **Aprende 13**.)

c Let's go. *Vamos.*

d Expressions like *ir de compras* (to go shopping) and *ir de vacaciones* (to go on holiday) do not need *a:*

En diciembre voy de vacaciones. I go on holiday in December.

Aprende 18b *¿Quién/quiénes?*

a The word *¿quién?* is used to denote 'who' in a question, but if the expected answer is more than one person, *¿quién?* becomes *¿quiénes?*:

Who is in the kitchen? – *¿Quién está en la cocina?*

but

Who is at the discotheque? –
¿Quiénes están en la discoteca?

b *¿Quién?* takes the 'he/she' ending of the verb.
¿Quiénes? takes the 'they' ending of the verb.

Aprende 19 *Prepositions – delante de, detrás de,* etc

a Unless the words or expressions are used at the end of a phrase or sentence, they are followed by the word *de* and the rules in **Aprende 13** apply:

1 *Pepito está delante, y Mariano está detrás.*
Pepito is in front and Mariano is behind.
2 *Pepito está delante de Mariano.*
Pepito is in front of Mariano.
3 *Pepito está delante del hombre.*
Pepito is in front of the man.
4 *Pepito está detrás de la señora.*
Pepito is behind the woman.

b These rules apply to:

delante de	in front of
detrás de	behind
al lado de	beside
fuera de	outside
dentro de	inside
encima de	on top of
debajo de	under

cerca de	near to
lejos de	far from
a la izquierda	to the left of
a la derecha de	to the right of
en (el) medio de	in the middle of

c *entre . . . y . . .* (between . . . and . . .), **sobre** (above/on top of) and **en** (in/on) do not need **de**.

6 *Capítulo Seis*

Aprende 20 Present Continuous regular *ar* verbs

a To say 'I am jumping' etc. use the verb **estar** (refer to **Aprende 4**). Delete the **ar** from the verb and substitute **ando:**
I am buying *estoy comprando*

b The **estar** parts have the correct endings but the **ando** (-ing) endings remain the same for all persons.

c The rules for **er** and **ir** verbs are in **Aprende 24** but they are simple:

1 you remove the **er** or **ir** and substitute **iendo.**
2 You use **estar** as with **ar** verbs.

d To say 'on arriving' or 'on leaving' etc., use **al** + infinitive:
al llegar – on arriving
al salir – on leaving

Aprende 21 *y* (and) and *o* (or)

a If *y* is followed by a word beginning with *i* or *hi* (but not **hie**) the *y* becomes *e:*

Carlos e Isabel

b If *o* is followed by a word beginning with *o* or *ho* the *o* becomes *u:*

francés u holandés

Aprende 22 Agreement of adjectives (plurals)

a As mentioned in **Aprende 8** adjectives agree with the nouns they describe.

b Only adjectives which end in *o* change to *a* in the feminine form.

c To make the plural, you follow the rules in **Aprende 6** for nouns, which are the same as those for adjectives.

Singular:

el libro rojo	*el libro azul*

but

la mesa roja	*la mesa azul*

Plural:

los libros rojos	*los libros azules*

but

las mesas rojas	*las mesas azules*

d Since **azul** does not end in *o*, it does not change for the feminine form. To form the plural, as it ends in *l* (refer to **Aprende 6**) you add **es.**

Aprende 23 Present tense of regular *er* and *ir* verbs

a The endings for *er* and *ir* verbs are identical except for the **nosotros** and **vosotros** forms.

b They follow the rules given in **Aprende 17:**

er	*ir*
– *o*	– *o*
– *es*	– *es*
– *e*	– *e*
– *emos*	– *imos*
– *éis*	– *ís*
– *en*	– *en*

Aprende 24   Present continuous tense of regular *er* and *ir* verbs

a As explained in **Aprende 20** for regular *ar* verbs, use the verb *estar* (in **Aprende 4**) and then delete the *er* or *ir* of the second verb, and substitute *iendo:*

they are eating *están comiendo*

b *Estar* needs the correct ending to denote the person being referred to, but the *iendo* endings do not change.

c Remember that 'on going up' is *al subir* (*al* + infinitive)

d
1 Smoking is dangerous.
  Fumar es peligroso. (literally 'to smoke is dangerous.')
2 Eating too much is not good.
  No es bueno comer demasiado.

e Remember that *leer* 'to read' is irregular:

*Estoy **leyendo.***   I am reading.

7 Capítulo Siete

Aprende 25   *Ser* and *estar* (to be)

a The grammatical rule for using the verb 'to be', i.e. 'I am', 'you are', etc., may seem to be the most difficult in the language but it is in fact quite easy to master if you follow the simple steps described below (which have already been introduced in **Aprende 4 D & E.**)

1 If you wish to say where someone or something is, use *estar.*
2 If not, then decide whether the condition you are talking about is likely or expected to change. If it is, use *estar.*
3 If it is not likely or expected to change, use *ser.*

b It is important that you always check for location first:

Machu Picchu is in Peru.

This is not going to change, and you would therefore be tempted to use *ser.* But you would be wrong, because if you had checked for location you would have decided correctly to use *estar:*

Machu Picchu está en Perú

c Let us take another example:

My sister is bored.

Check:

1 Location? – No.
2 Likely to change? – Yes, since you do not expect to be bored for ever.

Therefore use *estar:*
Mi hermana está aburrida.

d Some adjectives may be preceded by either *ser* or *estar* depending on what you mean:

Tu hermana está muy seria.
Your sister is very serious (i.e. today or now: expected to change).

but

Tu hermana es muy seria.
Your sister is very serious (i.e., a very serious person: not expected to change).

e You almost always use *ser* with numbers, times, dates:
Somos ocho en casa. There are 8 of us at home.
Son las ocho menos cinco. It is 7.55.
Es lunes. It is Monday.

but remember:

hay there is, there are.

Aprende 26   Agreement of adjectives

a This Aprende revises the agreements of adjectives ending in *o, a* and other vowels. (Refer also to **Aprende 22.**)

When an adjective ends in a consonant, it has no feminine form, except for nationalities (*francés – francesa, español – española*) and those ending in *or* (*trabajador/a* hard working), (*hablador/a* talkative) and *ón* (*ladrón/ladrona*) thief).

b To form the plural, add:

1 *s* to the singular form if it ends in a vowel:
  habladora – habladoras
  simple – simples
2 *es* to the singular form if it ends with a consonant:
  difícil – difíciles   útil – útiles

Aprende 27   Numbers

a   Note the odd spellings of 500 *quinientos,* 700 *setecientos* and 900 *novecientos.*

b   The word *mil* means a thousand.

c   *Mil* has no plural, 3,000 is *tres mil,* except if you are saying 'thousands of . . .' *miles de personas.*

Note that when writing figures in Spanish, thousands are denoted by a full-stop and not a comma:

3.000 personas (3,000 people).

A comma in Spanish denotes a decimal point, and it is also used to give the time:

2.15 pm is 14,15.

d   You cannot say the year 1991 as 'nineteen ninety one'. In Spanish you must say 'one thousand nine hundred and ninety one' *mil novecientos noventa y uno.*

The equivalent of 'in 1991' or 'in '91' is:

en el noventa y uno

e   one million is *un millón,* two million is *dos millones.* (Refer also to **Aprende 22.**)

A million pesetas is *un millón* de pesetas. Two million pesetas is *dos millones* de pesetas, etc. But the figure without a noun does not need 'de':

2,300,000 is 2.300.000
(dos millones trescientos/as mil).

Aprende 28   Agreement of adjectives

This Aprende deals with the agreement of adjectives of nationality. (Refer also to **Aprende 22 & 26A**).

a   *belga* is masculine and feminine.

b   Nationalities ending in *ense* (*canadiense, nicaragüense* etc.) do not have a feminine form.

Aprende 29   More Adjectives

Most of the adjectives listed in Aprende 29 on page 66 as pairs of opposites are normally used with *ser* but in most cases they could also be used with *estar* to imply that they are describing a passing phase or a recent change. (Refer also to **Aprende 25 D.**)

c   See how many you can use with *estar.* Think of the difference between saying to a boy: *Eres guapo* and *Estás guapo.*

---

8   *Capítulo Ocho*

Aprende 30   *Nunca, nadie, nada*

a   *Nadie* and *Nunca* may be placed either

1 before the verb, or
2 after the verb, with *no* before the verb.

Nadie va – No va nadie. No one goes.
Nunca va – No va nunca. He never goes.

b   You may only use *nada* with *no* before the verb.

No tengo nada. I have nothing.

Aprende 31   Transporte

a   Note that *en tren, en avión, en autobús, en metro, en barco,* may be *por tren, por avión, por autobús, por metro, por barco.*

b   In Spain the word *un turismo* is used to mean 'private car'.

c   *carro* and *máquina*

carro	car	in South America
	cart	– in Spain
máquina	car	– in Cuba
	machine	– in Spain

c   Colours are normally used with *ser* except on the rare occasions when they are expected to change, in which case *estar* is used.

Aprende 33   *La ropa*

a   *Llevar* (to wear) can be *llevar puesto*

¿Qué llevas puesto hoy? – Llevo (puesto) un jersey.

What are you wearing today? I am wearing a jumper.

b Clothing:

ropa de verano summer clothing
ropa de invierno winter clothing

La ropa clothes (singular).

Mi ropa está en la habitación.

c Note that *guardarropa* is masculine and means 'wardrobe', 'one's clothes'.

d *Quitarse* to take off clothes (refer to reflexive verbs in **Aprende 44**).

Cuando entra, se quita la chaqueta.

When he comes in, he takes off **his** jacket.

Ponerse to put on clothes (refer to reflexive verbs in **Aprende 44**).

Se pone el abrigo antes de salir de casa.
He puts **his** coat on before leaving the house.

e Note that neither *quitarse* nor *ponerse* are followed by *mi, tu* etc. but by *el* or *la.*

f More clothing:
calcetines socks

bañador swimming trunks/costume
zapatillas slippers
llevar gafas to wear glasses

Aprende 34 *más de/menos de* and *más que/menos que*

a *más de* and *más que* both mean 'more than' but *más de* is used with numbers:

Come más que su padre.
He eats more than his father.
Cuesta más de mil pesetas.
It costs more than a thousand pesetas.

b You may use an adjective between *más* and *que*:

Es más alto que su padre
He is taller than his father. (**more tall than**)

c Rules **a** and **b** above apply also to *menos de* and *menos que:*

Hay menos de veinte personas.
There are fewer than 20 people.
Habla menos que su hermana.
She speaks less than her sister.
Es menos inteligente que su hermana.
He is less intelligent than his sister.

9 *Capítulo Nueve*

Aprende 35 *Tener* (irregular verb in the present tense)

a *Tener* means 'to have', i.e. 'to own', 'to possess'.

b *Tener* is used in expressions where English uses 'to be . . .'

tener . . . años to be . . . years old
tener frío/calor to be cold/hot
tener sueño/miedo/hambre/sed to be sleepy/frightened/hungry/thirsty

c *Tener* is irregular in the present tense only in the first person.
tengo (I have).
It then follows the pattern of radical-changing verbs (*ie*) (refer to **Aprende 40**).

Aprende 36 *Gustar* and *interesar*

a Up to now, we have only learnt *me gusta(n), te*

gusta(n) (I like, you like). (refer to **Aprende 5 & 7**) Now add:

le gusta(n) he likes   *nos gusta(n)* we like   *os gusta(n)* you like (pl.)   *les gusta(n)* they like

b *gusta* needs an *n* if what is liked is plural.

c The same rule applies to *interesar* (to be interested in) and *importar* (to care about, to matter).

Aprende 37 *A Pepe le gusta/importa/interesa*

a If you wish to name the person(s) or refer to them in the sentence, you need to add *a* before the named person (refer to **Aprende 36**). This is because you are in fact saying not 'Pepe likes strawberries' but 'Strawberries are pleasing **to Pepe**':

A Pepe le gustan las fresas.

A mi hermano le gustan los deportes.

b You may use *a* with pronouns, to avoid confusion:

Le gusta el fútbol. She likes football.
A ella le gusta el fútbol. **She** likes football.

Aprende 38   Meals

a

Noun	Verb
el desayuno breakfast	*desayunar* to have breakfast
la comida the midday meal	*comer, almorzar* to have lunch
la merienda tea (afternoon)	*merendar* to have tea
la cena evening meal	*cenar* to have supper

b Remember you can say:
tomar el desayuno
tomar el almuerzo
tomar la merienda

c *el almuerzo* is a late breakfast in parts of South America and in Galicia in Spain.

d Note that *poner la mesa* means 'to lay the table'. The verb *poner* is irregular in the present tense:

pongo I put
(The rest of the verb is regular.)

e 'To clear the table' is *quitar la mesa.*

10 Capítulo Diez

Aprende 39   *tener que* + infinitive
ir a + infinitive

a Note that both these verbs are followed by the infinitive.

b The verb *ir a* + infinitive is used for the immediate future.

Voy a comer a las ocho
I am going to eat at eight o'clock
Voy a salir a las ocho y media
I am going to leave at 8.30.

c Useful words or expressions for the immediate future:

esta noche tonight
la próxima semana next week
el próximo mes next month
mañana tomorrow
el lunes on Monday
el verano in summer
dentro de 2 días in 2 days' time

Examples of their use:

Mañana voy a pintar la habitación.
Tomorrow I am going to paint my room.

El lunes tengo que ir al mercado.
On Monday I have to go to the market.

Aprende 40   *Salir*

a Note that the verb *salir* is irregular in the present tense:

salgo I go out
(The rest of the verb is regular.)

b *salir a* to go out to, *salir de* to go out from, *salir con* to go out with:

Salimos al parque los domingos.
We go out to the park on Sundays.

Salgo de casa a las ocho.
I go out (of the house) at eight.

No salgo con su hermana.
I don't go out with her sister.

pensar and *volver* – radical-changing verbs

c Note that with *pensar* and *volver* the radical *ie* and *ue* are needed in the present tense only for 'I', 'you', 'he/she' and 'they', but not for 'we' and 'you' (pl.).

d *pensar que* . . . to think that . . .
Pienso que no es honesto.
I think that he is not honest.

pensar + infinitive to think of doing something:
Pienso ir.
I am thinking of going.

e **Pensar que** and **creer que** (regular verb) both mean 'to think that . . .'

f 'To think about' is **pensar en.**

g **Volver a** + infinitive means to do something again.

Entra y vuelve a hablar con su padre.
He comes in and speaks again to his father.

Aprende 41   *Los deportes*

a Remember that 'to play sports or games' is **jugar a** and that you have to use the article **el/la:**

*No me gusta jugar **al** fútbol.*
I don't like playing football.

b **Jugar** is a radical changing verb (**ue**).

c With sports where you do not use 'to play' in English e.g. athletics, swimming etc., you use the word **practicar** (regular **ar** verb):

¿Dónde practicas el atletismo?
Where do you do your athletics?

Aprende 42   this/these/that/those

a **este/estos, ese/esos** are the masculine forms (singular + plural)

NB **esto/eso** are neuter, i.e., when you are referring to 'this/that' without specifying or knowing what 'it/they' is/are:

¿Qué es esto? What is this?

b 'This one/that one'

Referring to masculine nouns (e.g. el coche):

*Creo qué **ése** es verde pero **éste** es azul.* I think that one is green but this one is blue.

Referring to feminine nouns (e.g. la mesa):

*Creo que **ésta** es más grande que **ésa**.* I think this one is bigger than that one.

11 *Capítulo Once*

Aprende 43   *Saber* and *decir* (irregular verbs)

a **Saber** is irregular only in the first person in the present tense: *sé* I know

b **Saber** is used to mean to know how to do something or where something or someone is. NB It is not used to mean either 'to know someone' or 'to know a place'.

Sé nadar. I know how to swim.
No sé dónde está. I don't know where he is.

but

'to know someone/a place' is **conocer** (irregular):
Conozco a Pepe. I know Pepe.
Conozco un restaurante. I know a restaurant.

Although it is possible to use **saber de** for 'to know of a place or of a person',

Sé de un restaurante. I know of a restaurant. (i.e. to know about)

it cannot be used in the sense of 'to know personally' or well, or because you have been somewhere before.

c **Decir** (to say, tell) (refer to **Aprende 53**) is an irregular verb only in the first person, **digo** (I say), while the rest of the verb belongs to a third group of radical-changing verbs (**i**) which will be taught in **Book 2.**

Aprende 44   Reflexive verbs

a Reflexive verbs are generally regular **ar, ir** and **er** although they may be radical-changing:
despertarse – me despierto

b They must not be confused with *gustar, interesar* or *doler.*

c The pronouns *me, te, se, nos, os* and *se* always go before the conjugated part of the verb. But if the infinitive is used they may be attached to the end of the infinitive:

Se levanta temprano. He gets up early.
– *¿Vas a levantarte?* Are you going to get up?
– *¿Te vas a levantar?* Are you going to get up?

d The last rule also applies to the present continuous:

¿Estás levantándote? Are you getting up? (note the accent)

or

¿Te estás levantando? Are you getting up?

e The pronouns are there because what you are actually saying in Spanish is:

¿Te estás levantando? Are you getting **yourself** up?

So that *me, te, se* etc. mean 'myself', 'yourself', 'herself' etc.

f With verbs like *lavarse* you do not use 'my hands', 'his feet', 'her eyes', etc. but 'the hands', 'the feet', 'the eyes' etc.

Se lava las manos. He washes his hands.
Me lavo la cara. I wash my face.

g 'To brush one's teeth' is *lavarse los dientes:*

Me lavo los dientes. I brush my teeth.

NB *Dientes* is not normally used when referring to toothache. Use *muelas,* unless it is specifically the front teeth.

Aprende 45   *Es de* and *son de*

a *Es de* means 'belongs to' and *son de* means 'belong to':

El libro es de Pepe. The book belongs to Pepe.
Los perros son de Pepe. The dogs belong to Pepe.

b Remember that these agree with the objects not with the owners – *mío/a, tuyo/a, suyo/a, nuestro/a, vuestro/a, suyo/a.*

El libro es mío. The book is mine (whether the owner is a girl or boy).

c Note that when there is possible confusion between 'his', 'hers', or 'theirs', use *de él, de ella, de ellos, de ellas:*

Los libros son suyos. The books are his/hers/theirs.

but

Los libros son de ella. The books are hers.

Aprende 46   *El cuerpo* and *doler*

a Note that *la mano* is feminine.

b *Doler* means 'to hurt/to be in pain':

¿Te duele la mano? Does your hand hurt?
(Refer to **Aprende 36 & 37.**)

Aprende 47   *Profesiones y oficios*

a Note that you omit the article when you are stating someone's profession:

Mi padre es profesor. My father is a teacher.

b As more women take on jobs that have traditionally been done by men, more of the professions ending in *o* will now have an *a* ending. The reverse is true already:

la enfermera nurse – *el enfermero* male nurse

Aprende 48   First, second, etc.

When the words *primero* and *tercero* precede a masculine noun they drop the *o:*

El primer hombre de la cola.
The first man in the queue.
El tercer accidente de este mes.
The third accident this month.

Aprende 48   *Empezar a* and *terminar de*

a *Empezar a* means 'to start (to do something)', *terminar de* 'to finish (doing something)'.

b Note that verbs following verbs with *a* or *de* after them will be in the infinitive:

ir a + infinitive.

c *Comenzar a* and *empezar a* both mean 'to begin to' . . . and both are radical-changing (*ie*)

Aprende 50   *Poder* + infinitive (to be able to)

a   *Poder* in the present tense is a radical-changing verb (*ue*).

b   If followed by another verb, the second must be in the infinitive:

No puedo llegar antes de las once.
I can't arrive before eleven.

NB *Poder* in the sense of 'cannot' is used only if you cannot do something for reasons other than not knowing how to. Remember *No sé nadar* I can't swim (because you don't know how).

but

I can't swim (because the pool is too crowded). *No puedo nadar.*

12 *Capítulo Doce*

Aprende 51   The preterite *(pretérito indefinido)*

a   The preterite is one of the past tenses – the simple past.

b   It is used in Spanish to describe a finished or completed action:

He painted his room (rather than 'he was painting his room').

c   A good guide (although there are exceptions to it) is to use the preterite in Spanish when in English there would be only one (verbal) word in the action:

Preterite	Not preterite
he washed	he was washing
they finished	he used to wash
	he has washed
	he had washed

d   Note that 'He washed every morning' (meaning 'he used to wash every morning') is not the preterite (refer to **b** above).
It is a repeated action rather than a completed one.

e   Some common verbs (bearing in mind **d**) are nearly always used in the imperfect and not in the preterite.

knew	*sabía* (imperfect)
had	*tenía* (imperfect)
could	*podía* (imperfect)
was	*era, estaba* (imperfect)

f   For convenience in **Aprende 51** on page 178 we have used *salir* as the example. Although it is slightly irregular in the present tense, it is regular in the preterite.

g   The verb *ir* in the preterite (*fui, fuiste*, etc.) is the same as *ser* (to be) in the preterite, although as mentioned in **e**, the verb 'to be' is more often than not used in the imperfect tense.

Fui al piloto.
I went to the pilot.

but

Primero fui piloto y luego carpintero.
First I was a pilot, then a carpenter.

Remember that the *a* after parts of *ir* in the preterite (*fui, fuiste* . . .) will help you decide that it is 'went' and not 'was'.

Aprende 52   *Ver*

a   The verb *ver* means 'to see' and 'to be able to see'. Therefore *no veo* means 'I don't see' and 'I can't see'.

b   'To watch TV' is *ver* la televisión (rather than *mirar*).

The personal *a*

c   When a person is the object of a verb, *a* must be included after the verb, just before the person:

Dibujó un perro. He drew a dog.

but

Dibujó a su padre. He drew his father.

d   Remember that when using *a* you must follow the normal rules of *a/al/a la* etc. (refer to **Aprende 18**):

Vi un gato en el jardín.
I saw a cat in the garden.

but

Vi al hermano de Juan.
I saw Juan's brother.

e In fact, household pets are often 'personalised' and an *a* may be used before them:

Vi al perro en el parque. I saw the dog in the park.

Aprende 53   Hay – había

a As explained in **Aprende 51e**, *hay* in the past tense is more often than not *había*, which is the imperfect and not the preterite.

b When 'there was/there were' is referring to a finished action, then *hubo* (preterite) is used:

Hubo un accidente. There was an accident.

Decir

c *Decir* is completely irregular in the preterite and simply has to be learnt separately. (See **Book 2**).

d Note that in English we often omit the word 'that' when using the verb 'to say'. However we must not omit it in Spanish.

Dice que quiere ir.
He says (that) he wants to go.

Aprende 54   Buen and gran

a The rules for *buen* and *gran* are very important.

b When *bueno/a* is used before the noun, it means something slightly different from when it is used after the noun.

Una comida buena.   A good meal.
Una buena comida.   A very good meal.

In the second example you are stressing the word good.

c When using 'good' in the masculine singular before the noun, *bueno* becomes *buen:*

Un buen chico. A very nice (good) boy.

d The word *gran* is used in the singular when the noun is either masculine or feminine.
e.g. *Gran Bretaña*

e When *gran* is used (before the noun only), the meaning is changed to 'great' rather than 'big':

Fuimos a una gran fiesta. We went to a super party.

but

Es una fiesta grande. It is a big party.

Hacer (to do or to make)

f Note that *hacer* (to do or to make) is often used in questions and then not used in the answer given, as is the case with most verbs:

¿Qué estás haciendo? – Estoy escribiendo.
What are you doing? I am writing.
¿Qué hicieron?   Fueron al cine.
What did they do? They went to the cinema.

g *Mucho que hacer* means 'a lot to do', *nada que hacer* 'nothing to do':
Tengo mucho que hacer. I have a lot to do.
No tiene nada que hacer. He has nothing to do.

but

to have nothing to do with something or someone (because it does not concern you or you have quarrelled etc.) is

No tener nada que ver con . . .

No tengo nada que ver con él. I have nothing to do with him.

Aprende 55   The imperfect

This Aprende is to help with the reading of the Salinas story at the back of the book. We introduce the imperfect tense (*pretérito imperfecto*) which goes hand in hand with the preterite which we have just learnt.

a The imperfect tense is when we say 'I was playing/ I used to play' and these are its endings in Spanish:

hablar	comer	vivir
hablaba	comía	vivía
hablabas	comías	vivías
hablaba	comía	vivía
hablábamos	comíamos	vivíamos
hablabais	comíais	vivíais
hablaban	comían	vivían

b Note that *er* and *ir* verbs have identical endings.

c Remember that sometimes a verb may appear to be in the preterite in English but is really in the imperfect. (Refer to **Aprende 51 d.**)

d The imperfect tense can also be written by using *estar* and a present participle, so that if you wish to say 'I was eating', you could say either *comía* or *estaba comiendo.*

e *Estar* in the imperfect + *ando* (*ar*) + *iendo* (*er* and *ir*).

estaba	I was
estabas	you were
estaba	he/she was
estábamos	we were
estabais	you were
estaban	they were

¿Estabas hablando? Were you talking?

f You cannot use *estar* for 'used to'. Therefore you either use the imperfect of the verb or the verb *soler* in the imperfect + infinitive.

Solíamos comer allí. We used to eat there.

Note that *soler* is a radical-changing verb (*ue*) and can be used in the present tense:

Suelo ir los domingos. I usually go on Sundays.

g Note that the imperfect is regular for all verbs, except *ir, ser* and *ver* (to go, to be and to see).

Classroom vocabulary

la asignatura/materia – *subject*
la cartera – *school bag*
la bolsa – *bag*
el estuche – *pencil case*
el bolígrafo – *biro, pen*
el lápiz/los lápices – *pencil/pencils*
el rotulador – *felt-tip pen*
la goma – *rubber*
los lápices de colores – *coloured pencils*
el cuaderno – *exercise book*
la carpeta de anillas – *ring binder*
la pizarra – *blackboard*
el tablón de anuncios – *noticeboard*
el póster – *poster*
la estantería/librería – *bookcase*
el armario – *cupboard*
la percha – *coat hook, coat hanger*
la mesa del profesor – *teacher's table*
el libro de texto – *book, coursebook*
la regla – *ruler*
la tiza – *chalk*
la silla – *chair*
la mesa – *table*
el portafolios/la carpeta – *folder*
el pupitre – *pupil's desk*
el horario de clases – *timetable*
el/la director/a – *headmaster/headmistress*
el/la delegado/a – *class representative*
el/la profesor/a de . . . – *the (subject) teacher*
las notas – *grades*
sobresaliente – *excellent*
notable – *very good*
bien – *good*
suficiente – *fairly good*
insuficiente – *poor*
muy deficiente – *very poor*

Classroom Instructions

¡abre/abrid la ventana/la puerta! – *open the window/door*
¡cierra/cerrad la ventana/la puerta! – *shut the window/door*
¡enciende la luz! – *put on the light (singular)*
¡apaga la luz! – *switch off the light (singular)*
¡ven aquí/venid aquí! – *come here*
¡siéntate/sentaos! – *sit down*
¡levántate/levantaos! – *stand up*
¡levanta/d la mano! – *raise your hand*
¡baja/d la mano! – *put your hand down*
¡entra/d! – *come in*
¡escucha/d atentamente! – *listen carefully*
¡repite/repetid! – *repeat*
¡otra vez! – *again*
¡todos juntos! – *all together*
¡mira/d hacia adelante! – *face the front*
¡mira/d la pizarra! – *look at the board*
¡quieto/s! – *be still*
¡silencio! – *be quiet*
¡presta/d atención! – *pay attention*
correcto/acertado – *correct*
(muy) bien – *(very) good*
¿Qué pasa? *what's going on?*

Classroom Instructions and Expressions

pasar lista – *to call the register*
¿quién falta? – *who is not here?*
falta . . . – *. . . is not here*
presente – *present*
no está – *. . . is not here*
¿por qué has llegado tarde? – *why have you arrived late?*
¿por qué no viniste ayer? – *why did you not come yesterday?*
¡no hagas/hagáis ruido! – *stop making a noise*

¡cállate/callaos! – *shut up!*

¿por qué no te/**os** callas/call**áis**? – *why don't you shut up?*

¡no hables/habléis con tu/vuestro compañero! – *don't speak to the person beside you*

¡saca/d los libros! – *take out your books*

¡levanta/d la mano si tienes/tenéis alguna pregunta! – *raise your hand if you have a question*

¡levantad la mano los que no tengáis papel! – *raise your hands those who have no paper*

¡quién no ha hecho los deberes? – *who has not done their homework?*

¡para mañana tenéis que hacer el ejercicio . . . de la página . . .! – *for tomorrow you must do exercise . . . on page . . .!*

de deberes tenéis que hacer . . . – *for homework you must . . .*

vamos a escuchar la cinta/el cassette – *we are going to listen to the tape*

ahora voy a repartir . . . – *now I'm going to give out . . .*

¡pon/ed el nombre! – *put down your first name*

¡escribe/escribid el apellido! – *put down your surname*

¡rellena los datos! – *fill in the details*

en mayúsculas – *in capital letters*

¡abre/abrid los libros por la página . . .! – *open your books on page . . .*

¡mira/d las instrucciones de la página . . .! – *look at the instructions on page . . .!*

¡lee/leed atentamente! – *read carefully*

¡haz/haced el ejercicio en silencio! – *do the exercise in silence*

podéis hacer el ejercicio con vuestro compañero/en grupos – *you can do the exercise with your partner/in groups*

vamos a trabajar en grupos de . . . personas – *we are going to work in groups of . . .*

de dos en dos/en parejas – *in pairs*

de tres en tres – *in threes*

¡contesta/d las preguntas! – *answer the questions!*

¡contesta/d la pregunta n° . . .! – *answer question number . . .*

¡sal/salid a la pizarra! – *come up to the blackboard!*

¡lee/leed el primer párrafo! – *read the first paragraph*

hacer el papel de médico – *play the part of a doctor*

hacer de policía – *play the part of a policeman*

los role-plays – *role-plays*

tener un examen – *to have an examination*

fijar la fecha del examen – *to set the date for an examination*

aprobar el examen – *to pass the examination*

suspender el examen – *to fail the examination*

hacer bien/mal el examen de . . . – *to do well/badly in the . . . exam*

examinarse – *to take an examination*

portarse bien/mal – *to behave well/badly*

¿quién sabe la respuesta? – *who knows the answer?*

¿quién quiere contestar? – *who wants to answer?*

¿en qué curso estás? – *what year are you in?*

estoy en l° de . . . – *I'm in the first year of . . .*

¿dónde tenemos la clase de . . .? – *where is the . . . class?*

en la clase pequeña del 2° piso – *in the small room on the second floor*

en el aula 203 – *in room 203 (NB las aulas)*

¿qué clase tenemos ahora? – *which class do we have now?*

¿qué clase toca ahora? – *which class do we have now? (slang)*

tenemos . . . – *we have . . .*

Glossary of Instructions

a – *to, towards*
adecuado/a – *right, appropriate*
el adjetivo – *adjective*
¿adónde? – *where to?*
ahora – *now*
apto/a – *apt, appropriate*
aprende – *learn*
aquí – *here*
de arriba – *from above*
así que – *therefore*
atentamente – *carefully*
aural – *aural*
con la ayuda de . . . – *with the help of . . .*

busca – *look for*

casi – *almost*
las cifras – *figures*
la cinta – *tape*
comienza – *begin*
¿cómo? – *how?*
completo/a – *complete*
la comprensión – *comprehension*
contesta – *answer*
la contestación – *the answer*
continúa – *continue*
la conversación – *conversation*
correctamente – *correctly*
correcto/a – *correct (adjective)*
corrige – *correct (instruction)*
el cuaderno – *exercise book*
¿cuál? – *which one?*
¿cuáles son? – *which are?*
¿cuántos son? – *how many
   are . . ./what is the sum of . .?*
cuenta de . . . al . . . – *count
   from . . . to . . .*
cuidado con . . . – *careful with . . .*

decide – *decide*
la definición – *definition*
describe – *describe*
la descripción – *description*
el diálogo – *dialogue*
el dibujo – *drawing, illustration*
dice – *he/she says*
dicen – *they say*
diferente – *different*
divide – *divide*

el ejemplo – *example*
el ejercicio – *exercise*
elige – *choose*
empareja – *pair up*
en forma de . . . – *in the form of . . .*
en español – *in Spanish*
entra – *he/she enters*
escoge – *choose*
escondido/a – *hidden*
escribe – *write*
escrito/a – *written*
escucha – *listen*
estamos describiendo – *we are describing*
están describiendo – *they are describing*
explica – *explain*
la expresión – *expression*

falso/a – *wrong, false*
femenino/a – *feminine*
forma – *make, form*
la frase – *sentence*

la historia – *story*

el infinitivo – *infinitive*
irregular – *irregular*

lee – *read*
la letra – *letter (of the alphabet)*
la lista – *list*

masculino/a – *masculine*
mira – *look*

o – *or*
oral – *oral*
oralmente – *orally*
en el orden correcto – *in the correct order*

la palabra – *word*
la pareja – *pair*
la parte – *part*
pero – *but*
pertenece – *he/she/it belongs*
el plural – *plural*
posible – *possible*
la pregunta – *the question*
pregunta – *ask, question*
el pretérito – *the preterite (past tense)*
probable – *probable*

¿qué dice? – *what does he/she say?*
¿qué hora es? – *what time is it?*
¿que tiempo hace? – *what is the weather like?*
¿quién dice? – *who says?*
¿quiénes dicen? – *who says (pl.)?*
¿quién está pensando? – *who is thinking?*
¿quién piensa? – *who thinks?*
¿quiénes piensan? – *who thinks (pl.)?*

recuerda – *remember*
rellena – *fill in*
el repaso – *revision*
la respuesta – *answer, reply*
el resumen – *summary*
el rompecabezas – *puzzle*

siguiente – *following*
singular – *singular*
la solución – *solution*
lo subrayado – *the underlined*
sugerido – *suggested*

también – *also*
el total – *total*

une – *join up, link*
utiliza – *use*
utilizando – *using*

el verbo – *verb*
verdadero/a – *true*
la versión – *version*

Vocabulario

A

a *to*
abandonado/a *abandoned, deserted*
abierto/a *open*
el/la abogado/a *lawyer*
el abrigo *overcoat*
abril *April*
abrir *to open*
la abuela *grandmother*
el abuelo *grandfather*
los abuelos *grandparents*
aburrido/a *bored/boring*
aburrirse *to get bored*
acabar (con) *to finish (with)*
acabar de . . . *to have just . . .*
la aceituna *olive*
el acento *accent*
aceptar *to accept*
acostarse *to go to bed*
adiós *goodbye*
¿adónde? *where to?*
adorar *to adore*
adosadas *terraced (house)*
la aduana *customs*
el adulto *adult*
el aerodeslizador *hovercraft*
el aeropuerto *airport*
afeitarse *to shave*
la agencia de viajes *travel agency*
agradable *pleasant*
agosto *August*
el agua *water (f.)*
ahora *now*
ahorrar *to save*
aire acondicionado *airconditioning*
el ajedrez *chess*
al + *infinitive on doing something*
el alcohol *alcohol*
alcohólico/a *alcoholic*
me alegro mucho *I am glad*
alemán/alemana *German*
also *something*
el algodón *cotton*
la Alhambra *Moorish Palace in Granada*
el alma *soul (f.)*
los almacenes *department store*
almorzar *to have lunch*
el almuerzo *lunch*
alto/a *tall*
allí *there*
amarillo/a *yellow*
la ambulancia *ambulance*

América Latina *Latin America*
la americana *jacket*
el/la amigo/a *friend*
ancho/a *wide*
andando *walking/on foot*
andar *to walk*
el andén *platform*
el anillo *ring*
el animal *animal*
el año *year*
anoche *last night*
anotar *to make notes*
los anticuchos *pieces of meat/kebabs*
antiguo/a *old, ancient*
el aparato *object, device*
aparcar *to park*
el apartamento *flat/apartment*
aprender *to learn*
aquí *here*
el árabe *Arabic*
Argel *Algiers*
Argelia *Algeria*
argelino/a *Algerian*
armado/a *armed*
al armario *cupboard/wardrobe*
arreglar *to arrange/fix*
arrepentido/a *repentant/sorry*
arriba *up/upstairs*
arrojar *to throw away*
el artículo *article*
asado/a *roasted*
el ascensor *lift*
el aseo *toilet*
así *so*
así que *thus, therefore*
el astronauta *astronaut*
asustado/a *frightened*
atacar *to attack*
el ataque *attack*
el ataque cardiaco *heart attack*
Atenas *Athens*
aterrizar *to land*
el Atlántico *Atlantic*
el atletismo *athletics*
(de) atrás *back*
aunque *although*
australiano/a *Australian*
austriaco/a *Austrian*
el autobús *bus*
la auto-escuela *driving school*
la avenida *avenue*
el avión *aeroplane*

ayer *yesterday*
la ayuda *help*
ayudar *to help*
la azafata *stewardess*
el azúcar *sugar*
azul *blue*

B

bailar *to dance*
el baile *dance*
bajar *to go down/to step out of/to lower*
bajo/a *low/short*
el balcón *balcony*
el baloncesto *basketball*
el banco *bank*
la bandera *flag*
el baño *bath*
el bar *bar*
la baraja *pack of cards*
Barajas *Madrid airport*
barato/a *cheap*
¡qué barbaridad! *how awful!*
la barbilla *chin*
el barco *boat, ship*
la barraca *shack*
bastante *enough/quite*
el bebé *baby*
beber *to drink*
el bebida *drink*
el béisbol *baseball*
el/la belga *Belgian*
Bélgica *Belgium*
Belgrado *capital city of Yugoslavia*
Berlín *Berlin*
Berna *capital city of Switzerland*
el beso *kiss*
la Biblia *Bible*
la biblioteca *library*
la bicicleta *bicycle*
bien *well, fine, OK*
el biftec *steak (bistec)*
el billar *snooker, billiards*
el billete *ticket/banknote*
blanco/a *white*
la blusa *blouse*
la boca *mouth*
el bocadillo *sandwich (not sliced bread)*
Bogotá *capital city of Colombia*
los bomberos *fire brigade*

borracho/a *drunk*
el bosque *wood (forest)*
la bota *boot*
la botella *bottle*
el boxeador *boxer*
Brasil *Brazil*
el brazo *arm*
la broma *joke*
buen *good (before masculine noun)*
¡buen viaje! *have a good journey*
¡buena suerte! *good luck*
bueno/a *good*
Buenos Aires *capital city of Argentina*
buenos días *good morning*
burro *donkey*
la bufanda *scarf*
el burro *donkey*
buscar *to look for*

C

la cabeza *head*
el cacao *cocoa*
cada *each/every*
la cadera *hip*
caer *to fall*
caer enfermo/a *to fall ill*
el café *café/coffee*
el café solo *black coffee*
El Cairo *Cairo*
la caja *box, till*
el cajón *drawer*
los calcetines *socks*
caliente *hot*
el calmante *tranquilizer, painkiller*
el calor *heat*
(tengo) calor *(I'm) hot*
la calle *street*
callejero/a *of the streets (adj)*
la cama *bed*
el camarero *waiter*
cambiar *to change*
el cambio *exchange/change*
la camilla *stretcher*
la camisa *shirt*
la camiseta *vest, T-shirt*
el campeonato *championship*
el campo *countryside/field*
canadiense *Canadian*
cansado/a *tired*
cansarse *to get tired*
cantar *to sing*
la capital *capital city*
las capitales *capital/provincial cities*
el capitán *captain*
la cara *face*
Caracas *capital city of Venezuela*
cardiaco/a *cardiac*
cargar *to carry/to load*

la carne *meat*
el carnet de conducir *driver's licence*
la carnicería *butcher's shop*
el carnicero *butcher*
caro/a *expensive*
la carrera *race/career*
la carretera *main road*
la carta *letter/menu*
las cartas *(playing) cards*
el cartel *poster*
el cartero *postman*
la casa *house/home*
casi *almost*
castigar *to punish*
el castillo *castle*
la catedral *cathedral*
por (a) causa de *because of*
la cazadora *sports jacket*
la cebolla *onion*
la celda (de máxima seguridad) *(maximum security) cell*
la cena *evening meal*
cenar *to have dinner/supper*
el centro *centre*
el cepillo *brush*
cerca (de) *near*
la cerveza *beer*
el césped *lawn*
ceviche *fish in sauce (Peruvian)*
cien *one hundred*
ciento . . . cientos/cientas *hundred (when over one hundred)*
por ciento *per cent*
el cigarrillo *cigarette*
cincuenta *fifty*
el cirujano *surgeon*
la ciudad *city*
Ciudad de Méjico *Mexico City*
Ciudad de Panamá *Panama City*
¡claro! *of course!*
la clase *class/lesson*
el/la cliente *customer/guest in hotel*
la clínica *clinic*
la cocina *kitchen/cooking*
cocinar *to cook*
el coche *car*
los coches de choque *bumper cars*
el codo *elbow*
el cohete *rocket*
la cola *queue*
el colchón *mattress*
colgado *hanging*
colombiano/a *Colombian*
el color *colour*
la columna *column*
comenzar (ie) *to begin/to commence*
comer *to eat*
la comida *meal/lunch/food*
la comisaría *police station*

¿cómo? *how/what is it like?*
la compañía *company*
el compartimiento *compartment*
completamente *completely*
comprar *to buy*
ir de compras *to go shopping*
comprender *to understand*
con *with*
la concha *shell*
conducir *to drive/to lead*
el conductor *driver*
conmigo *with me*
conocer *to know someone/to be familiar with*
conseguir (i) *to get/achieve*
contar (ue) *to count*
contento/a *happy*
contestar *to answer/to reply*
contra *against*
la conversación *conversation*
una copa *a drink (alcohol)*
el corazón *heart*
de buen corazón *kind-hearted*
la corbata *tie*
Correos *Post Office*
correr *to run*
corto/a *short*
la cosa *thing*
la costa *coast*
creer *to believe*
el cristal *window-pane/glass*
cruel *cruel*
la Cruz Roja *Red Cross*
cruzar *to cross*
el cuaderno *exercise book*
el cuadro *picture, painting*
¿cuál/es? *which?*
¿cuándo? *when?*
¿cuánto/a? *how much?*
¿cuántos/as? *how many?*
el cuarto *room*
cuarto/a *fourth*
el cuarto de baño *bathroom*
cubano/a *Cuban*
cubierto/a *covered*
el cubo *bucket*
el cuello *neck*
la cuenta *bill*
la cuenta corriente *current account*
el cuerpo *body*
cuesta *it costs*
la cueva *cave*
¡cuidado! *be careful!*
cuidar *to look after*
la cultura *culture, education*
el cumpleaños *birthday*
la cuñada *sister-in-law*
el cuñado *brother-in-law*

CH

la chaqueta *jacket*
un chárter *charter flight*
el cheque *cheque*

el/la chico/a *boy/girl*
la chicha morada *Peruvian alcoholic drink*
chileno/a *Chilean*
chino/a *Chinese*
chocar *to shock*
el chocolate *chocolate*
el chófer *chauffeur*
la choza *hut*
los churros *Spanish fritters*

D

me da igual *it's all the same to me*
danés/danesa *Danish*
el dardo *dart*
de *of/about/from*
debajo de *underneath*
deber la vida a *to owe one's life to*
los deberes *homework*
débil *weak*
decidir *to decide*
décimo/a *tenth*
decir (i) *to say*
decir que *to say that*
la decisión *decision*
el dedo *finger*
el dedo del pie *toe*
dejar *to leave/to allow*
delante de *in front of*
delgado/a *thin*
lo(s) demás *the rest/the others*
demasiado *too/too much*
el/la dentista *dentist*
dentro *in/inside*
el/la dependiente/a *assistant*
los deportes *sports*
de pronto *suddenly*
a la derecha *on the right*
derrumbado/a *tumbled down*
desaparecer *to disappear*
desayunar *to have breakfast*
descansar *to rest*
describir *to describe*
el discubrimiento *discovery*
el descuento *discount*
desde *from/since*
desempleado/a *unemployed*
desesperado/a *hopeless/desperate*
el desfile *parade*
desierto/a *deserted*
desmayarse *to faint*
desobediente *disobedient*
despacio *slowly*
despedirse (i) *to say goodbye/ to take one's leave*
despegar *to take off (plane)*
despejado *clear (skies)*
despertarse (ie) *to wake up*
despúes *after/afterwards*
con destino a *to/towards*
detrás de *behind*
el día *day*

al día siguiente *on the following day*
buenos días *good morning*
quince días *fortnight*
todo el día *all day*
el diamante *diamond*
diario/a *daily*
el diario *daily newspaper*
dice *s/he says*
dicen *they say*
diciembre *December*
el diente *tooth*
la dieta *diet*
difícil *difficult*
la dificultad *difficulty*
¡diga! *–Hello, yes . . .? (especially on the phone)*
Dinamarca *Denmark*
el dinero *money*
Dios *God*
¡Dios mío! *My God!*
la dirección *address*
directamente *directly*
el director *director/headmaster*
dirigirse *to go towards*
el disco *record*
la discoteca *discotheque*
discutir *to argue/to discuss*
el/la doctor/a *doctor*
el dólar *dollar*
doler (ue) *to be in pain/ to hurt*
el dolor *pain*
domingo *Sunday*
¡dónde? *where*
dormir (ue) *to sleep*
el dormitorio *bedroom*
la droga *drug*
durante *during*
durar *to last*
durmiendo *sleeping*
duro/a *hard*

E

la edad *age*
Edimburgo *Edinburgh*
Egipto *Egypt*
egoísta *selfish*
el ejército *army*
el *the (m.)*
él *he*
el elefante *elephant*
ella(s) *she/they (f.)*
ellos *they (m.)*
la embajada *embassy*
embalado/a *packed*
embalar *to parcel up*
empanado *covered in breadcrumbs and fried or roasted*
empezar *to start, to begin*
empujar *to push*
en *in/on/at*
encima *on top of/over*

encontrar (ue) *to find*
encontrarse (ue) en *to find oneself in*
endeble *weak/frail*
enero *January*
enfadado/a *annoyed*
el/la enfermero/a *nurse*
enfermo/a *ill*
enojado *angry*
enorme *enormous*
la ensalada *salad*
entender (ie) *to understand*
entero *whole, entire*
el entierro *burial*
entonces *then*
la entrada *entrance/ticket/hall*
entrar *to enter*
entre *between*
la entrevista *interview*
enviar *to send*
el equipo *team*
es *s/he/it is*
las escaleras *stairs*
escaparse *to escape*
escocés *Scottish*
Escocia *Scotland*
escondido/a *hidden*
la escopeta *gun*
escribir *to write*
escribir a máquina *to type*
¡escúchame! *listen to me!*
escuchar *to listen to*
la escuela *school*
esa/esa *that (with masculine nouns)*
a eso de *about (in terms of time)*
esos *those (with masculine nouns)*
España *Spain*
español/a *Spanish*
especial *special*
especialmente *especially*
el espectador *spectator*
espeluznante *horrifying*
la sala de espera *waiting room*
esperar *to hope/to wait/ to await/to espect*
esta/s *this/these (with feminine nouns)*
¡ya está! *that's it/ that is enough/finished!*
la estación *season/ railway station*
el estadio *stadium*
Los Estados Unidos *the United States of America*
estadounidense *citizen of the U.S.A.*
la estantería *book shelf*
estar *to be*
estar de vacaciones *to be on holiday*
la estatua *statue*
este *this (with masculine nouns)*

el estómago *stomach*
esto *this*
estos *these (with masculine nouns)*
estrecho/a *narrow*
la estrella *star*
el estudiante *student*
estudiar *to study*
estúpido/a *stupid*
el examen *examination*
el éxito *success*
explicar *to explain*
la exposición *exhibition*
extraordinario/a *extraordinary*

F

fácil *easy*
fácilmente *easily*
la falda *skirt*
la familia *family*
famoso/a *famous*
el fantasma *ghost*
fantástico/a *fantastic*
la farmacia *chemist's shop*
por favor *please*
febrero *February*
la fecha *date*
feliz cumpleaños *happy birthday*
felizmente *happily*
fenomenal *terrific*
feo/a *ugly*
el ferrocarril *railway*
la fiesta *party*
fijar *to stick (poster)*
la fila *row*
el fin *end*
flamenco/a *flamenco*
la flecha *arrow*
la flor *flower*
la fotografía *photograph*
fotográfico/a *photographic*
francés/a *French*
Francia *France*
fresco/a *fresh, cool*
el frío *cold*
hace frío *it is cold*
(tengo) frío *(I am) cold*
frito/a *fried*
el frontón *pelota court*
la fruta *fruit*
los fuegos artificiales *fireworks*
fuera *outside*
funcionar *to work properly/ to function*
el fútbol *football*
el futbolista *footballer*

G

Gales *Wales*
galés/a *Welsh*
el galgo *greyhound*
la gamba *prawn*
ganar *to win/to earn*

la gaseosa *lemonade*
gastar *to spend*
el gazpacho *cold vegetable soup*
el general *military general*
la gente *people*
el gigante *giant*
La Giralda *bell tower of Seville cathedral*
el gobierno *government*
el golf *golf*
gracias *thank you*
grande *big*
gris *grey*
gritar *to shout*
el grupo *group*
el guante *glove*
guapo/a *handsome/beautiful*
el guardarropa *wardrobe*
el guardia *guard*
de guardia *on guard*
la guía telefónica *telephone directory*
el guisante *pea*
me gusta(n) *I like it/them*
te gusta(n) *you like it/them*
gustar *to please, to like*
Grecia *Greece*
griego/a *Greek*

H

La Habana *capital city of Cuba*
había *there was/there were*
la habitación *room*
hablar *to speak*
¡ni hablar! *out of the question! No way!*
hacer *to do, to make*
hacia *towards*
haciendo *doing*
el hambre *hunger (f.)*
(tengo) hambre *(I am) hungry*
hay *there is/there are*
¿qué hay? *what is going on?/ how are things?*
La Haya *capital city of Holland/ Amsterdam*
el hebreo *Hebrew language*
la herencia *inheritance*
herido/a *wounded/injured*
el/la hermano/a *brother/sister*
los hermanos *brothers/ brothers and sisters*
el/la hijo/a *son/daughter*
hindú *Hindi*
Hispanoamérica *Spanish America*
la historia *story/history*
¡Hola! *hello!*
holandés *Dutch (nationality)*
el hombre *man*
el hombro *shoulder*
la hora *hour/time*
el horario *programme, timetable*

horrible *horrible*
¡qué horror! *how awful!*
horroroso *horrible*
el hospital *hospital*
el hostal *hostel*
el hotel *hotel*
el hoyo *hole*
la huelga *strike*

I

de ida *single ticket*
de ida y vuelta *return ticket*
la idea *idea*
el idioma *language*
la iglesia *church*
(me da) igual *it's all the same to me*
el impermeable *raincoat*
implorar *to plead*
me importa *I care about*
no importa *it does not matter*
no me importa *I don't mind*
importante *important*
imposible *impossible*
inconsciente *unconscious*
indio/a *Indian*
infantil *children's*
una infinidad *a huge number*
el ingeniero *engineer*
Inglaterra *England*
el ingrediente *ingredient*
inmediatamente *immediately*
el instituto *secondary school*
inteligente *intelligent*
interesante *interesting*
interesar *to interest*
interior *interior*
internacional *international*
intranquilo/a *anxious*
el invierno *winter*
ir *to go*
ir a pie *to walk*
Irlanda *Ireland*
irse *to go away*
irlandés/a *Irish*
israelí *Israeli*
italiano/a *Italian*
izquierdo/a *left*

J

jamaicano/a *Jamaican*
el jamón *ham*
el jardín *garden*
la jarra *jug*
el jersey *jumper*
Jerusalén *capital city of Israel*
el/la joven *young person*
la judía *bean*
jueves *Thursday*
el jugador *player*
jugar (ue) *to play*
julio *July*
junio *June*
junto/a *next to, near*

juntos/as *together*
junto con *together with*

K

el kilo/kilogramo *kilo (gramme)*
el kilómetro *kilometre*

L

la (s) *the (f.)*
(día) laborable *working (day)*
al lado de *beside*
ladrar *to bark*
el ladrón *thief*
largo/a *long*
Latinoamérica *Latin America*
lavar (los platos) *to wash (dishes)*
lavar (se) *to wash (oneself)*
la leche *milk*
leer *to read*
el legumbre *vegetable/pulses*
lejos *far*
el león *lion*
la letra *letter (of the alphabet)*
levantarse *to get up*
el libro *book*
ligero/a *light (weight)*
Lima *capital city of Peru*
la limonada *lemonade/lemon juice*
la limosna *alms/charity*
limpio/a *clean*
la línea *line, row*
Lisboa *capital city of Portugal*
loco/a *mad*
Londres *capital city of England*
el loro *parrot*
los *the (m. pl.)*
luego *then/later*
el lugar *place*
la luna *moon*
lunes *Monday*

LL

la llamada *call*
llamar *to call*
llamarse *to be called*
la llave *key*
llegar (a) *to arrive*
lleno/a *full*
llevar *to carry/wear*
llevarse *to take away*
llorar *to weep*
la lluvia *rain*

M

la madre *mother*
Madrid *capital city of Spain*
la madrugada *dawn*

el maíz *corn*
mal *badly*
la maleta *suitcase*
malo/a *bad*
mamá *mum*
Managua *capital city of Nicaragua*
mandar *to send*
la mano *hand*
la manta *blanket*
la manteca *animal fat*
la mantequilla *butter*
la mañana *morning*
mañana *tomorrow*
por la mañana *in the morning*
a la mañana siguiente *on the following morning*
el mapa *map*
maquillarse *to put on make-up*
maravilloso/a *wonderful*
el marido *husband*
marrón *brown*
marroquí *Moroccan*
Marruecos *Morocco*
martes *Tuesday*
marzo *March*
más *more*
más o menos *more or less*
más qué nunca *more than ever*
las matematicas *maths*
(de) máxima seguridad *maximum security*
mayo *May*
la mayonesa [mahonesa] *mayonnaise*
mayor *elder*
y media *half past . . .*
la medianoche *midnight*
las medias *tights/stockings*
la medicina *medicine*
el médico *doctor*
medio/a *half*
el mediodía *midday*
la mejilla *cheek*
mejor *better*
la memoria *memory*
mendigar *to beg*
el mendigo *beggar*
menor *younger/smaller*
menos *less/minus*
¡menos mal! *just as well*
menos que nunca *less than ever*
mentir (ie) *to lie*
el menú *menu*
el mercado *market*
la merienda *afternoon tea*
la mermelada *jam/marmalade*
el mes *month*
la mesa *table*
la mesilla *bedside table*
el metal *metal*
el metro *underground/metre*
la Mezquita *mosque in Cordoba*
mi (s) *my*

para mí *for me*
el miedo *fear*
(tengo) miedo *(I am) afraid*
mientras *while*
mientras tanto *meanwhile*
miércoles *Wednesday*
mil *one thousand*
el/la minero/a – *miner*
el ministerio *ministry*
el/la ministro/a *minister*
el minuto *minute*
mío *mine*
¡mira! *look!*
mirar *to look*
mismo/a *same*
la mitad *half*
mixto/a *mixed*
la moda *fashion*
moderno/a *modern*
el momento *moment*
la moneda *coin*
el monstruo *monster*
la montaña *mountain*
Montevideo *capital city of Uruguay*
morado/a *purple*
morir (ue) *to die*
Moscú *capital city of the USSR*
la moto (cicleta) *motor bike*
mucho/a *a lot (of)*
muchos/as *many*
el mueble *piece of furniture*
la muela *back tooth (molar)*
la mujer *woman/wife*
la multa *fine (to be paid)*
el mundo *world*
municipal *municipal, public*
la muñeca *wrist/doll*
la música *music*
muy *very*

N

nacional *national*
nada *nothing*
¡de nada! *don't mention it*
pues nada *nothing then*
nadar *to swim*
nadie *no-one*
la naranja *orange*
naranja *orange (adj)*
la nariz *nose*
la natación *swimming*
necesario/a *necessary*
necesitar *to need*
neerlandés *Dutch (language)*
negro/a *black*
neozelandés/a *New Zealander*
nevar (ie) *to snow*
ni . . . ni *neither/nor*
el/la niño/a *child*
no *no/not*
la noche *night*

buenas noches *good night*
de noche *at night*
por la noche *at night*
toda la noche *all night*
normalmente *normally*
el norte *north*
nosotros *we*
la nota *note/mark*
nota *s/he notices*
notar *to notice*
las noticias *news*
novecientos/as *nine hundred*
la novela *novel*
noveno/a *ninth*
noventa *ninety*
noviembre *November*
el/la novio/a *boyfriend/girlfriend*
nuestro/a/os/as *our*
Nueva York *new York*
Nueva Zelanda *New Zealand*
nuevo/a *new*
el número *number*
nunca *never*

O

o *or*
obedecer *to obey*
octavo/a *eighth*
octubre *october*
ochenta *eighty*
odiar *to hate*
la oferta *offer*
la oficina *office*
el oficio *job*
el oído *(inner) ear/hearing*
el ojo *eye*
la oliva *olive*
olvidar *to forget*
la operación *operation*
operar *to operate*
opinar *to think (opinion)*
¿qué opinas? *what do you think?*
la opinión *opinion*
ordenar *to order, arrange*
la oreja *ear*
el oro *gold*
el otoño *autumn*
otro/a *other*
¡oye! *Hey!/Listen!*
el oyente *radio listener*

P

el padre *father*
los padres *fathers/parents*
la paella *paella (rice dish)*
pagar *to pay*
el país *country*
El País Vasco *the Basque Country*
Los Países Bajos *The Netherlands*
la palabra *word*

el palacio *palace*
el pan *bread*
panameño/a *Panamanian*
los pantalones *trousers*
el paño *cloth*
el pañuelo *handkerchief*
papá *dad*
el papel *paper*
para *for/in order to*
parado/a *unemployed*
el paraguas *umbrella*
paraguayo/a *Paraguayan*
parar *to stop*
parecer *to seem/to look alike*
la pared *wall*
París *capital city of France*
el paro *unemployment*
en paro *unemployed*
el parque *park*
la parte *part*
particular *private*
el partido *match (of football etc.)*
¿qué pasa? *what's going on?*
el pasajero *passenger*
el pasaporte *passort*
pasar *to spend time/ to happen/to hand over*
pasar frío *to be cold*
pasar hambre *to suffer from hunger*
el pasatiempo *hobby*
pasearse *to go for a stroll*
el paseo *a walk*
la pastelería *cake shop*
la patata *potato*
la paz *peace*
La Paz *capital city of Bolivia*
el pecho *chest*
pedir (i) *to ask for*
peinarse *to comb*
el peine *comb*
en gran peligro *in great danger*
peligroso/a *dangerous*
el pelo *hair*
la pelota vasca *Basque ball game*
la peluquería *hairdresser*
¡qué pena! *what a pity!*
el pensamiento *thought*
pensar (ie) *to think*
lo peor es . . . *the worst thing is . . .*
pequeño/a *small*
perder (ie) *to lose*
el periódico *newspaper*
el periodista *journalist*
el permiso *permission*
permitir *to allow*
pero *but*
el perro *dog*
la persona *person*
peruano/a *Peruvian*
pesado/a *heavy*
pesar *to weigh*
el pescado *fish*

la peseta *peseta (Spanish currency)*
picante *spicy*
los picarones *Peruvian doughnuts*
el pie *foot*
ir a pie *to go on foot*
la pierna *leg*
la pieza *piece*
el piloto *pilot*
el pincho *kebab*
pintar *to paint*
la pintura *paint, painting*
pisar *to step on*
la piscina *swimming pool*
la plancha *iron/hot plate*
a la plancha *cooked on a hot plate*
plantar *to plant*
plata *silver*
el plato *plate/dish*
la plaza *square*
la plaza de toros *bullring*
pobre *poor*
la pobreza *poverty*
poco/a *a little*
poco después *a short time afterwards*
poder (ue) *to be able to . . .*
polaco/a *Polish*
la policía *police*
un policía *a policeman*
Polonia *Poland*
el pollo *chicken*
poner *to put/to set (the table)*
popular *popular*
por *for/on behalf of*
por causa de *because of*
por ciento *per cent*
por favor *please*
¿por qué? *why?*
porque *because*
por supuesto *of course*
portugués/a *Portuguese*
posible *possible*
la postal *postcard*
el postre *dessert*
el precio *price*
precioso *precious (metal)*
preferido/a *preferred/ favourite*
preguntar *to ask*
la preocupación *worry*
preparar *to prepare*
en presencia de *in the presence of*
el presidente *president*
la primavera *spring*
primer *first (before m. noun)*
primeramente *first of all*
primero/a *first*
de primero *for first course*
el/la primo/a *cousin*
principal *main*
privado/a *private*
probable *probable*
el problema *problem*

la profesión *profession*
el/la profesor/a *teacher*
el programa *programme*
pronto *soon (early)*
de pronto *suddenly*
pronunciar *to pronounce*
próximo/a *next*
protestar *to protest*
el pueblo *town, people (nation)*
¡no puede ser! *it cannot be!*
¡ya no puedo más! *I can't stand it any more!*
la puerta *door*
puertorriqueño/a *Puerto Rican*

Q

¿qué? *what?*
que *that/which*
¡qué va! *no way!*
querer (ie) (+ a) *to want (to love)*
querido/a *dear*
el queso *cheese*
¿quién? *who?*
quieres *you want*
quiero *I want*
quince días *fortnight*
quinientos/as *five hundred*
quinto/a *fifth*
el quiosco *kiosk*
el quirófano *operating theatre*
Quito *capital city of Eduador*

R

la radio *radio*
rápidamente *quickly*
rápido/a *quick*
El Rastro *Madrid market*
el rato *a while*
al rato *a short time later*
la razón *the reason*
realmente *really*
las rebajas *sales*
la recepción *reception*
recibir *to receive*
recuperar *to recover*
regalar *to give as a present*
el regalo *present*
regular *so, so!/scheduled (flight)*
reinar *to reign*
el reloj *watch/clock*
RENFE *Spanish Railways*
reponerse *to recover*
reservar *to reserve, to book*
resistir *to bear, resist*
resolver (ue) *to resolve*
la respiración *breathing*
respirar *to breathe*
el restaurante *restaurant*
reunir/se *to gather/ get together*
el rey *king*

los reyes *kings/king and queen*
el riachuelo *stream*
rico/a *rich*
el rincón *corner*
el río *river*
rodeado/a *surrounded*
la rodilla *knee*
rojo/a *red*
ronco/a *hoarse (voice)*
la ropa *clothes*
rosa *pink*
la rueda *wheel*
el rugby *rugby*
el ruido *noise*
ruidoso/a *noisy*
el/la ruso/a *Russian*

S

sábado *Saturday*
saber *to know (how)/can*
sacar *to take out*
el saco *sack*
la sala *room/ward*
la sala de espera *waiting room*
las salchichas *sausages*
las salchipapas *sausages mixed with potatoes*
la salida *departure/exit*
la salsa *sauce*
saltar *to jump*
Santiago de Chile *capital city of Chile*
santo/a *holy*
la Santa Biblia *the Holy Bible*
la sardina *sardine*
el/la secretario/a *secretary*
la sed *thirst*
(tengo) sed *(I am) thirsty*
la seda *silk*
en seguida *immediately*
segundo/a *second*
seguramente *surely/probably*
seguro/a *sure*
seiscientos/as *six hundred*
el sello *stamp*
la semana *week*
sentado/a *sitting*
sentarse (ie) *to sit down*
las señas *address*
(el) señor *Mr/Sir/gentleman/man*
(la) señora *Mrs/Madam/lady/wife*
septiembre *September*
séptimo/a *seventh*
ser *to be*
el servicio *toilet, service*
servocroata *Serbo-Croat*
sesenta *sixty*
setecientos/as *seven hundred*
setenta *seventy*
sexto/a *sixth*
si *if*
sí *yes*
siempre *always*
lo siento *I'm sorry*

al día siguiente *on the following day*
el silencio *silence*
la silla *chair*
simpático/a *kind*
simplemente *just, simply*
sin *without*
la sinagoga *synagogue*
sino (not) . . . *but*
la situación *situation*
las sobras *leftovers*
sobre *over, on*
el/la sobrino/a *nephew/niece*
¡Socorro! *Help!*
el sol *sun*
solamente *only*
el soldado *soldier*
solo/a *single* (el café solo *black coffee*)
sólo *just/only*
la sombra *shade*
el sombrero *hat*
son *they are*
son las . . . *it is . . . o'clock*
la sopa *soup*
su (s) *his, her, their*
sufrir *to suffer*
Suiza *Switzerland*
suizo/a *Swiss*
el supermercado *supermarket*
el sur *the South*

T

el tablero *chessboard*
el tacón *heel*
también *also/as well*
tanto/a *so much*
tantos/as *so many*
tapado/a *covered*
la taquilla *ticket office*
tarde *late*
la tarde *afternoon*
buenas tardes *good afternoon/ evening*
por la tarde *in the afternoon*
la tarifa *fare*
la tarjeta *card*
el taxi *taxi*
el taxista *taxi driver*
la taza *cup*
el té *tea*
el teatro *theatre*
la telaraña *cobweb*
telefónico/a *telephone (adj)*
el teléfono *telephone*
la televisión *television*
temprano/e *early*
tener (ie) *to have*
tener dificultades *to have difficulties*
tener fuerzas *to be strong enough*
tener permiso *to have permission*
tener que *to have to . . .*

el tenis *tennis*
tercer/o/a *third*
terminar (de) *to finish*
la ternera *veal*
la terraza *balcony*
el tesoro *treasure*
el tiempo *weather/time*
la tienda *shop*
el timbre *door bell*
el tinto *red wine*
el/la tío/a *uncle/aunt*
típico/a *typical*
el tobillo *ankle*
el tocadiscos *record player*
todo/a/os/as *all*
tomar *to take/have*
tomar una copa *to have a drink*
el tomate *tomato*
la tormenta *storm*
el toro *bull*
la tortilla *(Spanish) omelette*
la tortuga *tortoise*
la(s) tostada(s) *toast*
trabajar *to work*
el trabajo *workplace, job*
tranquilo/a *peaceful, calm*
tratarse de *to be about*
treinta *thirty*
el tren *train*
el trigo *wheat*
triste *sad*
tu (s) *your*
tú *you (sing)*
turco/a *Turkish*
Turquía *Turkey*
tuyo/a (s) *yours*

U

último/a *last/latest/final*
un/a *a/an*
undécimo/a *eleventh*
el uniforme *uniform*
unos/as *some*
urgentemente *urgently*
uruguayo/a *Uruguayan*

V

las vacaciones *holidays*
ir de vacaciones *to go on holiday*
vacío/a *empty*
valor *courage/value*
¡vamos! *let's go! come on!*
¡vamos a ver! *let's see!*
los vaqueros *jeans*
Varsovia *capital city of Poland (Warsaw)*
vasco/a *Basque*
vascuence *Basque (language)*
el vaso *glass*
el vehículo *vehicle, car*
la venda *bandage*
vendado/a *bandaged*
vender *to sell*
venezolano/a *Venezuelan*
la ventaja *advantage*
la ventana *window*
ver *to see*
¡a ver! *let's see!*
el verano *summer*
verde *green*
las verduras *greens and vegetables*

la vez *time, occasion*
una vez al día *once a day*
una vez a la semana *once a week*
viajar *to travel*
el viaje *journey*
el viajero *traveller*
la vida *life*
Viena *capital city of Austria*
viernes *Friday*
el vino *wine*
la visita *visit*
vive *he/she lives*
vivo *I live*
el volcán *volcano*
volver (ue) *to return*
volver en sí *to come to/ to regain consciousness*
vosotros/as *you (pl)*
la voz *voice*
el vuelo *flight*
la vuelta *return*
a la vuelta *on the way back*
vuestro/a (s) *your*

Y

y *and*
ya *now, already*
yo *I*

Z

la zapatilla *slipper*
el zapato *shoe*
el zumo *juice*